초등 1학년
필수 어휘
100개의 기적

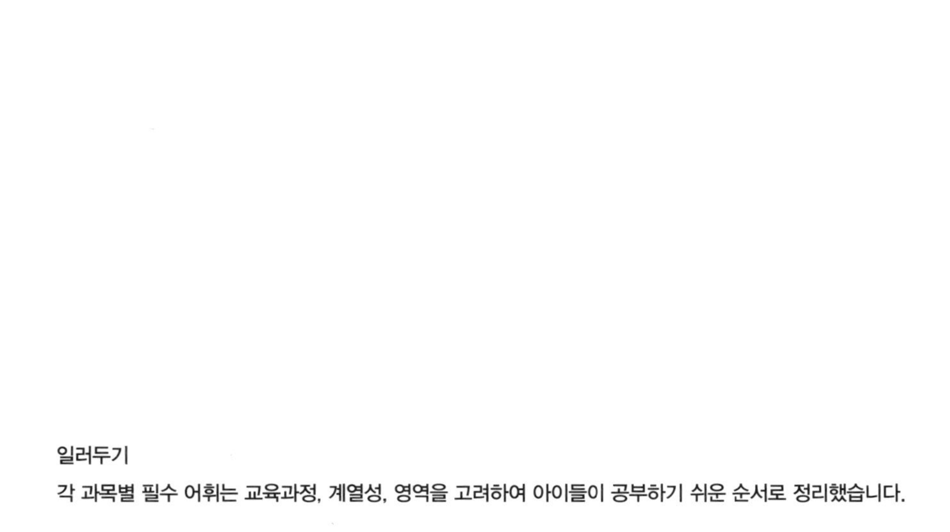

일러두기

각 과목별 필수 어휘는 교육과정, 계열성, 영역을 고려하여 아이들이 공부하기 쉬운 순서로 정리했습니다.

초등 1학년 필수 어휘 100개의 기적

불안감은
줄이고
공부 자신감은
키우는

박은주×윤희솔 지음

위즈덤하우스

프롤로그

초등학교 적응의 키워드는 자신감, 자신감은 곧 어휘력!

"우리 아이가 초등학교에 잘 적응하려면 어떻게 해야 하나요?"

교직 경력 20년 중 초등학교 저학년 담임을 맡은 적이 많다 보니, 주위 지인들은 저에게 자녀가 입학할 때쯤 이런 질문을 자주 하고는 합니다. 저학년 담임을 하면 아이들에게 둘러싸여 쏟아지는 질문 공세를 모두 받아주는 것이 교사로서 가장 큰 즐거움인데요. 특히나 1학년 신입생들은 왕성한 호기심을 충족시킬 때까지 질문을 반복합니다. 학교도 새롭고 교과서도 새롭기 때문에 아이들은 초등학교 입학 후 마주하는 모든 것을 질문거리로 생각합니다.

요즘 초등학교에 입학하는 아이들은 이미 놀랄 만한 수준의 언어 능력을 갖추고 오는 경우가 흔합니다. 독서 경험이 풍부한 아이들은 수준 높은 이야기도 곧잘 하지요. 하지만 아이들마다 개인적인 경험의 차이에 따른 어휘 구사력과 이해력의 차이가 큰 것이 현실입니다. 동화책이나 만화에서 본 어휘들은 잘 알고 있지만, 학교 생활에서 필수적으로 자주 사용하는 어휘는 모르는 경우가 많습니다. 그리고 방송이나 인터넷에서 오용되는 단어들을 일찍 접한 아이들은 상황에 맞지 않는 어휘를 사용하기도 합니다.

예를 들어 국어 시간에 '글을 읽고 인물의 처지에 대해 이야기해 보는 활동'을 하는데, '처지'가 무슨 뜻인지 몰라 갸우뚱거리기도 하고요. '글을 읽고 인물의 마음을 짐작해 보는 활동'을 하는데 '짐작'이 뭔지 몰라서 발표를 못하는 아이도 있습니다. 교과 수업 시간뿐 아니라 창의적 체험 활동 시간도 마찬가지이지요. 학교폭력예방교육 시간에 학교 담당 경찰관님이 "학교 폭력이 일어났을 경우 진심으로 사과해야 합니다."라고 말씀하셨는데, 강의가 끝나자마자 담임 교사인 저에게 달려와 "선생님, 진심이 뭐예요?" 하고 질문하기도 합니다.

특히 학습지나 평가지를 해결할 때에는 아이들의 같은 질문이 반복됩니다. '다음 중 관련 없는 그림 카드를 고르시오.'라는 문제를 보고 '관련'의 뜻이 뭔지 몰라서 쉬운 문제를 해결하지 못하고 끙끙대기도 합니다. 모르는 어휘가 있을 때 적극적으로 질문하고 해결하는 아이들도 있지만, '나만 모르나?' 하고 주눅 들고 부끄러워하며 학교 생활에 흥미를 잃는 아이들도 있습니다.

저는 '어휘를 잘 모르는 아이들이 어떻게 하면 학교 생활에 잘 적응할 수 있을까?' 고민하며 '말놀이를 통한 언어 사용 능력 신장'에 대한 수업 연구를 창안해 보았습니다. 처음에는 시행착오도 많았지만 오랜 시간 거듭할수록 재미있는 말놀이를 통해 우리말에 대한 관심과 흥미를 갖게 되는 아이들을 볼 수 있었습니다. 또한 어휘력을 비롯한 언어 사용 능력뿐만 아니라 사고력 향상에도 도움이 되었습니다.

국어과 교사용 지도서에는 언어 사용 기회에 관해 이렇게 말합니다.

'언어와 사고의 관계를 발달 측면에서 조명한 인지심리학자 비고츠키의 관점에 따르면 언어 능력과 사고 능력은 상호 작용을 하며 함께 발달하기 때문에 모든 교육적 상황에서 활발한 언어 사용의 기회를 제공할 필요가 있다. 언어 발달이 사고 발달을 이끄는 결정적 역할을 하기 때문에 학교 안이나 밖의 모든 교육적 경험의 장에서 언어 발달을 촉진하기 위한 다양한 기회를 제공해야 한다.'●

언어적 유희를 경험할 수 있는 다양한 말놀이는 어휘력의 확장뿐만 아니라 언어 발달을 촉진하기까지 합니다. 자음자 놀이, 수수께끼 놀이, 다섯 고개 놀이, 꽁지 따기 말놀이, 같은 말로 이어 말하기 놀이, 주고받는 말놀이, 말 덧붙이기 놀이, 끝말잇기 놀이, 첫 글자로 말 잇

● 2-1 국어 교사용 지도서. 세종: 교육부, 21쪽.

기 놀이, 포함되는 낱말 말하기 놀이, 말뜻 놀이 등 이 책에 수록된 다양한 말놀이들은 실제 수업에서 적용되어 좋은 성과를 보였던 말놀이들입니다.

이 책은 여러 가지 말놀이 중 '말뜻 놀이'의 일부를 정리하고 보완하여 탄생하게 되었습니다. 초등학교 저학년 교실에서는 한 아이가 모르는 어휘를 질문하면, 잠시 후 다른 아이가 같은 말을 질문하고, 질문했던 아이가 또 같은 질문을 하는 반복 답변의 상황이 자주 나타납니다. 이를 줄이기 위해 말뜻을 알아가는 과정을 놀이로 구성했던 역할 놀이 대본, 저학년 아이들도 쉽게 이해할 수 있도록 만들었던 말뜻 사전이 이 책의 초안이 되었습니다.

20년간 초등학교 현장에서 아이들과 함께 생활하며 초등학교 적응의 키워드는 '자신감'이라는 것을 알게 되었습니다. 아이의 자신감은 "내가 이렇게 교과서를 잘 이해할 수 있구나!" "내가 이렇게 선생님 설명을 잘 알아듣는구나!" 하는 자기 효능감에서 나옵니다. 저와 윤희솔 선생님은 아이의 공부 자신감과 자기 효능감이 어휘력에서 출발한다고 생각하며 『초등 1학년 필수 어휘 100개의 기적』을 쓰게 되었습니다. 국어, 수학, 통합 교과 등 교과서 필수 어휘부터 수업 시간에 자주 쓰는 단어, 창의적 체험 활동 및 평가 시간에 자주 등장하는 단어까지 초등 1학년 필수 어휘들을 총망라하였습니다. 이 책에 나오는 어휘들을 가지고 가정에서도 자녀와 함께 역할을 정해서 말뜻 놀이를 시도해 보시길 바랍니다. 말놀이를 통해 아이들은 낱말에 대해 친근하고 편안한 마음을 가지고 언어의 유희를 경험하게 될 것입니다. 이러한 경험은 더 깊이 있는 사고와 효과적인 의사소통 역량을 강화해 줄 것입니다.

현장 수업 연구에 머물렀던 말놀이의 기록과 고민들이 『하루 3줄 초등 글쓰기의 기적』의 저자 윤희솔 선생님과 함께 『초등 1학년 필수 어휘 100개의 기적』으로 세상에 나오게 되어 기쁘게 생각합니다. 교직 생활을 하면서 '상상과 모험이 현실이 되는 교실'을 꿈꾸어 왔습니다. 반짝반짝 빛나는 상상과 멋진 모험을 함께했던 나의 사랑스러운 제자들과 기쁨을 함께하고 싶습니다. 아이들과 함께 하는 상황들을 귀엽고 따뜻하게 구현해 주신 홍보라 그림 작가님과 김미성 디자이너님, 원고가 완성되기까지 아낌없는 지원과 응원을 해주신 위즈덤하우스 3부서 가족분들께 감사의 마음을 전합니다. 이 책을 읽는 어린이들이 자신감을 가지고 학교 생활에 즐겁게 적응하고 학교에서 상상과 모험을 마음껏 펼치길 바랍니다.

박은주 드림

프롤로그

지금 당장, 아이의 학교생활에 도움을 줄 마법의 어휘들

"초등학교 1학년 학생이 1순위로 알아야 할 어휘가 무엇일까?"

이 책의 시작이 된 질문입니다. 20년간 초등학교 교사로서 아이들의 말과 글을 일상으로 접하며, 유명 작가이자 〈뉴욕타임스〉 저널리스트인 마이클 루이스의 '어휘가 언어의 핵심'• 이라는 말을 실감합니다. 똑같은 경험을 해도 어휘력에 따라 이해의 수준과 보는 관점이 다르고, 표현할 때는 학생 간 어휘 차이가 더 극명하게 보입니다.

아이들에게 글쓰기를 가르치면서, 말과 글의 재료인 어휘를 늘리기 위해 다양한 노력을 기울였습니다. 감정과 감각 어휘를 익힌 아이들이 다채로운 낱말로 자기를 표현하는 모습, 말과 글은 물론 마음과 생각이 살아나는 모습을 보며 어휘의 힘을 체감했지요. 아이들과 책도 많이 읽고, 낯선 낱말을 만나면 사전에서 찾아 알려주기도 했습니다. 학생과 학부모에게 어휘 책과 어휘 문제집을 추천하기도 했습니다.

제가 눈여겨보았던 건 어휘가 부족한 학생이었습니다. 낱말을 잘 모르다 보니 교과서나

• Michael Lewis. (1993). The Lexical Approach. Hove: Language Teaching Publications. p. 89.

선생님의 설명을 잘 이해하지 못하고, 자신감이 떨어져서 학습 의욕까지 곤두박질치는 것이 눈에 보였습니다. 책 읽기는 분명히 어휘력에 보탬이 됩니다. 하지만 단기간에 독서로 어휘를 늘리기는 어려워서 학교 수업을 잘 이해하는 데 당장 도움을 주기는 힘들었습니다. 학습 격차가 더 벌어지기 전에 빈약한 어휘력을 가진 아이에게 수업 시간에 필요한 낱말이라도 먼저 가르쳐야겠다는 생각이 들었지요. 그러다 박은주 선생님의 '말놀이 학급 경영'이 떠올랐습니다. 어휘 지도 연구에 몰두하고 그 결과를 꾸준히 교육 현장에 적용해 온 박은주 선생님은 학습 내용을 이해하는 데 꼭 필요한 교과서 어휘를 추출하고, 그 어휘로 반 학생과 함께 다양한 말놀이를 했습니다. 학생에게 실제로 도움을 줄 수 있는 어휘가 무엇일지 박은주 선생님과 머리를 맞대고 고민하다가 탄생한 책이 바로 『초등 1학년 필수 어휘 100개의 기적』입니다.

이 책은 1학년 교과서, 학습지, 수행평가지, 학습 활동에 자주 등장하는 어휘를 수록하여 '지금 당장' 아이들의 학교 생활에 '직접' 도움을 주는 데 중점을 두고 집필했습니다. '아니, 애들이 이런 말도 모른다고?' 부모님을 깜짝 놀라게 할 어휘가 이 책에 담겨 있을지 모릅니다. 아이들도 자주 듣던 말이니 다 안다고 생각할 수 있습니다. 하지만 막상 낱말을 직접 사용하거나 의미를 설명해야 할 땐 우물쭈물하는 학생이 많습니다. 아이가 자기의 말로 목차에 나온 어휘를 설명할 수 있는지 확인해 보시길 바랍니다. (설마, "너 이거 왜 몰라?" 하고 아이를 혼낼 생각으로 낱말 뜻을 물어봐야겠다고 마음먹은 학부모님은 안 계시겠죠?) 몸짓으로 설명하기, 만화로 그려 보기, 초성 퀴즈 내기 등 다양한 방법으로 아이가 어휘를 즐겁게 익힐 수 있도록 도와 주셨으면 좋겠습니다.

20년 이상의 경력을 가진 초등 교사 두 명과 열정적인 에디터가 함께 '1학년에게 1순위로 필요한 어휘'를 재미있게 풀어내기 위해 최선을 다했습니다. 제목에는 '1학년'만 쓰여 있지만, 예비 초등학생과 초등학교 저학년에게도 도움이 되길 바라는 마음으로 '1~2학년군 교육 과정'을 모두 반영했습니다. 이 책의 부제인 '불안감은 줄이고 공부 자신감은 키우는'이라는 표현처럼, 아이들은 모르는 것이 있을 때 불안해합니다. 다른 친구들은 다 아는 것 같고, 나만 모르는 것 같은 기분이 들 때 주눅이 들지요. 초등학교 1학년 생활과 학습의 절반은 '자신감'에서 나옵니다. 쉬운 학습 내용이라도 이해하고, 스스로 학습 활동을 해내는 성취감이 모여 공부 자신감과 자아존중감으로 이어집니다. 이 한 권의 책이 아이와 학부모님의 '불안감은 줄이고 공부 자신감을 키우는' 데 조금이나마 이바지할 수 있길 소망합니다.

딱딱해 보일 수 있는 학습서에 귀여운 그림으로 온기를 불어넣어 준 홍보라 그림 작가님, 한눈에 쏙쏙 주요 내용이 잘 보이도록 멋지게 책을 엮어 준 김미성 디자이너님께 감사의 마음을 전하고 싶습니다. 전문적인 식견으로 책을 다듬어 준 위즈덤하우스 3부서 가족분들에게도 응원의 뜻을 전합니다. 특히, 용기를 내어 "선생님, 이게 무슨 뜻이에요?"하고 모르는 낱말을 물어본 제자들과 이 책의 보람을 나누고 싶습니다. 여러분의 즐겁고 슬기로운 학교 생활을 응원합니다.

윤희솔 드림

차례

2부.

수학 시간 필수 어휘

3부.

통합 교과 필수 어휘

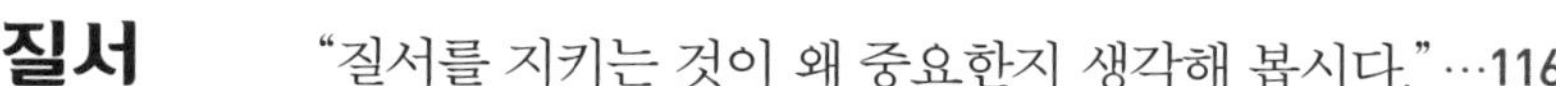

4부. 창의적 체험 활동 필수 어휘

5부. 평가 시간 필수 어휘

이 책은 이렇게 활용하세요

『초등 1학년 필수 어휘 100개의 기적』은 초등 1~2학년 교과서, 수업 시간, 평가 시간에 반드시 등장하는 어휘들과 발문들만 콕콕 짚어 알려 주는 '초등 입학 필수 준비물'입니다. 아이들이 수업 시간이나 평가 시간에 '나만 이 단어를 모르는 건 아닐까?' 하며 주눅 들거나 당황하지 않기를 바라는 마음으로 만들었어요. 이 책을 통해 우리 모두 자신감 있는 학교 생활을 해나가길 바랍니다.

무슨 뜻일까요?

만화를 본 후에도 아이가 계속 어휘 뜻을 물어 본다고요? 그럼 우리 부모님, 선생님들은 어떻게 알려 주어야 할지 난감하기만 합니다. '무슨 뜻일까요?' 코너에서는 국어 사전의 뜻과 박은주 선생님, 윤희솔 선생님의 쉽고 친절한 단어 풀이를 함께 담았습니다. 아이와 함께 소리 내어 읽어 보세요. 그리고 해당 어휘와 발문이 다른 과목에서는 어떻게 쓰이는지도 알 수 있어요.

교과서, 평가 시간에 이렇게 사용해요

초등 1~2학년 국어, 수학, 통합 교과, 창의적 체험 활동, 평가 시간에 자주 등장하는 어휘, 발문별로 챕터를 구성했어요. 아이와 함께 하루에 어휘 1개씩 공부해도 좋고, 그때그때 궁금한 단어를 찾아보아도 좋아요.

교과서, 평가 시간에 이렇게 사용해요

비교하다

"내가 쓴 글과 친구가 쓴 글을 비교해 봅시다."

52

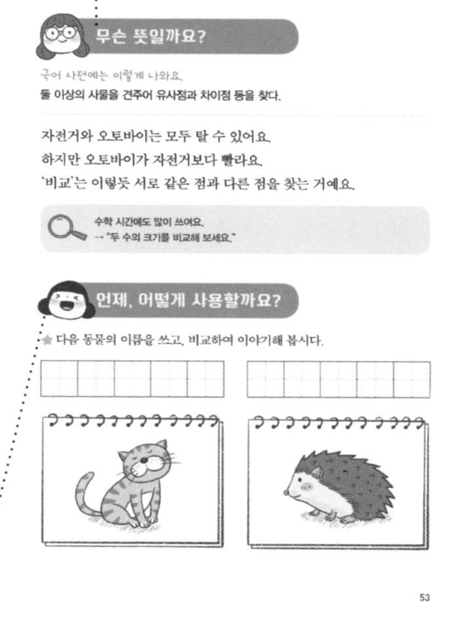

무슨 뜻일까요?

국어 사전에는 이렇게 나와요.

둘 이상의 사물을 견주어 유사점과 차이점 등을 찾다.

자전거와 오토바이는 모두 탈 수 있어요.
하지만 오토바이가 자전거보다 빨라요.
'비교'는 이렇듯 서로 같은 점과 다른 점을 찾는 거예요.

수학 시간에도 많이 쓰여요.
→ "두 수의 크기를 비교해 보세요."

언제, 어떻게 사용할까요?

★ 다음 동물의 이름을 쓰고, 비교하여 이야기해 봅시다.

53

필수 어휘가 쓰이는 상황을 만화로 먼저 만나요

해당 어휘가 일상 속에서 어떻게 쓰이는지 만화로 보여 줍니다. 귀엽고 재미있는 인물들이 등장하여 지루하지 않게 집중할 수 있어요. 만화를 통해 이 어휘가 언제, 어떻게 쓰이는지 배우게 됩니다.

언제, 어떻게 사용할까요?

어휘의 뜻을 아이가 이해했다면 이제는 그 어휘를 응용하여 실제 수업, 교과서, 평가 시간에 나오는 문제를 풀어 볼 차례입니다. 스스로 문제를 해결하는 과정을 통해 아이는 자기 주도성, 공부 자신감을 쑥쑥 키울 수 있어요.

어휘 척척 박사 도전!

각 과목의 마지막 페이지마다 총정리 연습 문제를 담았습니다. 줄 긋기, 초성 맞추기, 빈칸 채우기, 낱말 퍼즐 등 초등 1~2학년 아이들이 좋아하는 활동으로 구성하여 어렵지 않고 재미있어요.

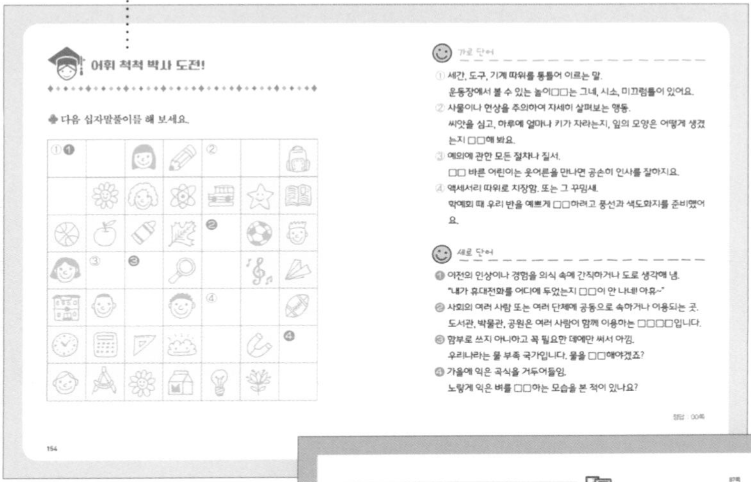

어휘 척척 박사 도전!

♣ 다음 십자말풀이를 해 보세요.

가로 단어

① 세간, 도구, 기계 따위를 통틀어 이르는 말.
운동장에서 볼 수 있는 놀이□□는 그네, 시소, 미끄럼틀이 있어요.
② 사물이나 현상을 주의하여 자세히 살펴보는 행동.
씨앗을 심고, 하루에 얼마나 키가 자라는지, 잎의 모양은 어떻게 생겼는지 □□해 봐요.
③ 예의에 관한 모든 절차나 질서.
□□ 바른 어린이는 웃어른을 만나면 공손히 인사를 잘하지요.
④ 액세서리 따위로 치장함. 또는 그 꾸밈새.
학예회 때 우리 반을 예쁘게 □□하려고 풍선과 색도화지를 준비했어요.

세로 단어

❶ 이전의 인상이나 경험을 의식 속에 간직하거나 도로 생각해 냄.
"내가 휴대전화를 어디에 두었는지 □□이 안 나네! 아휴~"
❷ 사회의 여러 사람 또는 여러 단체에 공동으로 속하거나 이용되는 곳.
도서관, 박물관, 공원은 여러 사람이 함께 이용하는 □□□□입니다.
❸ 함부로 쓰지 아니하고 꼭 필요한 데에만 써서 아낌.
우리나라는 물 부족 국가입니다. 물을 □□해야겠죠?
❹ 가을에 익은 곡식을 거두어들임.
노랗게 익은 벼를 □□하는 모습을 본 적이 있나요?

정답 : 00쪽

154

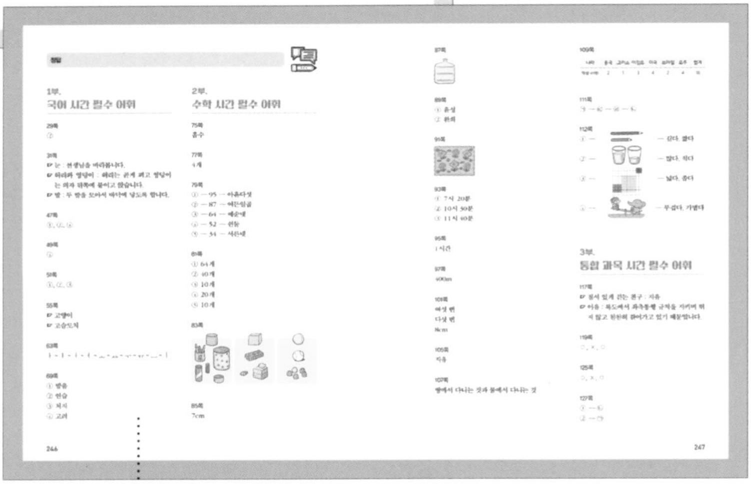

정답

1부. 국어 시간 필수 어휘

2부. 수학 시간 필수 어휘

3부. 통합 과목 시간 필수 어휘

246 247

정답 페이지

부모님, 선생님과 함께 '언제 어떻게 사용할까요?'와 '어휘 척척 박사 도전'의 문제를 풀어 보고 답안을 함께 찾아봅시다.

★ 통합 교과에서는 무엇을 배울까요?

★**바른 생활** : 기본 생활 습관과 기본 학습 습관을 형성하여 바르게 생활하는 어린이가 될 수 있어요.

★**슬기로운 생활** : 주변의 일상생활에 대해 지속적인 관심을 갖고 이해하는 법을 배워요.

★**즐거운 생활** : 창의적인 표현 능력을 지닌 건강한 사람으로 자라납니다.

20년 경력 초등 교사들이 알려주는 온라인 수업 지도 노하우

온라인 수업은 이제 우리 생활 깊숙이 들어왔습니다. 학교에 가지 못하고 TV나 컴퓨터 앞에 앉아 공부하는 아이를 지켜보는 모든 학부모님의 마음이 심란하겠지만, 특히 초등학교 입학을 앞둔 아이들의 부모님은 더 분주하고 막막할 겁니다. 20년 이상의 초등 교사 경력을 가진 저희도 처음 만나는 온라인 수업이 낯설지만, 초등 교사로서, 초등학교 1학년 아들의 엄마로서 한 해를 보내고 나니, '이런 걸 챙겨줬더라면…….' 하는 면도, 온라인 수업을 하며 알차게 한 해를 보낸 아이들의 공통점도 모두 눈에 띕니다. 교사이자 학부모로서 겪은 온라인 수업 경험을 토대로 온라인 수업 준비에 참고할 만한 내용을 정리해 봅니다.

 온라인 수업 전, 어떤 준비가 필요할까요?

부모님이 먼저 여유로운 모습을 보여야 합니다

아이들은 어른보다 빨리 적응하고, 등교와 온라인 수업 모두 잘 해낼 수 있으니 너무 걱정하지 않아도 된다는 말씀부터 드리고 싶습니다. 아이는 부모의 마음과 집안 분위기를 온

몸으로 느낍니다. 부모와 교사가 불안해하면, 아이도 불안합니다. 불안한 아이는 무기력합니다. 여유를 가지고 아이와 함께 차근차근 입학 준비를 해보세요. '나는 잘 해낼 수 있다. 우리 부모님은 언제든 (나를 혼내거나 비판하지 않고) 도와줄 준비가 되어 있다.'라는 아이의 믿음이 가장 든든한 온라인 수업 준비물입니다.

수업 준비에 앞서 1년 목표를 설정해요

온라인 수업 준비는 등교 수업 준비와 크게 다르지 않습니다. 받아쓰기 점수 같은 사소한 일에 일희일비하면 아이와 부모 모두 금방 지칩니다. 물론 그날그날 수업에 충실한 것이 중요하지만, 수업 준비에 앞서 1년 동안 자녀가 꼭 이루어야 할 목표를 정하는 것이 훨씬 중요합니다. 목적지가 있는 여정은 중간에 길을 잘못 들어섰더라도 '괜찮아. 다른 길이 있어. 조금 돌아가도 되고.' 하는 여유가 생기듯, 장기적인 교육 목표를 정하면 중요한 것을 확인해서 덜 중요한 일로 시간과 노력을 허비하지 않을 수 있습니다. 우리 아이들이 살아갈 세상을 생각해 보고, 궁극적으로 아이가 갖추어야 할 역량을 정해 보세요.

기본 생활 습관과 기초 학습 능력을 이해해요

여러 해 동안 초등학교 1, 2학년을 담임한 저희에게 '초등학교 1학년 때 익혀야 할 가장 중요한 능력'을 묻는다면, 망설이지 않고 '기본 생활 습관과 기초 학습 능력'이라고 답할 겁니다. 초등학교 때 다진 기본 생활 습관과 기초 학습 능력은 앞으로의 생활 전반에 영향을 줍니다. 온라인 수업에서도 등교 수업과 똑같이 기본 생활 습관과 기초 학습 능력을 키우는 데 집중하는 것이 좋습니다. 기본 생활 습관과 기초 학습 능력은 무엇일까요?

기본 생활 습관은 청결, 절제, 예절, 협동 등 낱말 그대로 생활 전반에 영향을 주는 습관을 말하지만, 여기서는 온라인 수업 상황과 관련 있는 요소만 다루겠습니다. 수업 중 빛을 발하는 기본 생활 습관은, '①혼자 힘으로 ②하고 싶은 일보다 해야 할 일을 먼저 ③성실하게 해내는' 생활 태도입니다. 초등학교 1학년은 수업 시간과 쉬는 시간을 구분하는 연습을 일 년 내내 합니다. 놀고 싶어도 꾹 참고 수업에 집중하는 '만족 지연' 연습을 하는 겁니다. 온라인 수업 시간에도 학교 수업 시간처럼 집중할 수 있는 환경을 만들어 주세요. 아주대학교 심리학과 김경일 교수는 '온라인 공부 효과 100배 올리는 법'이라는 강의에서 "나는 중요한 온라인 수업을 들을 때는 강의실에 들어가는 것처럼 방문을 열고 '입장'한다. 출석 카드를 찍는 시늉을 하기도 한다."라고 했습니다. 온라인 수업을 제대로 듣기 위한 첫걸음은 공간과 시간의 분리입니다.

기초 학습 능력은 무엇일까요? 의사소통 능력, 수리 능력, 사고 능력과 같이 학습할 토대가 되는 능력입니다. 초등학교 1학년 담임으로서 피부에 와닿는 기초 학습 능력은 '①과제를 자신감 있고 ②성실하게 ③스스로 해내는 능력'입니다. 각 학년 수준의 과제를 스스로 해낼 수 있어야 합니다.

서툴지만, 성실하게 해낼 수 있게 도와 주세요

초등학교 교사로서 아이들이 갖추어야 할 기본 생활 습관과 기초 학습 능력을 설명하면서 중복하여 쓴 낱말이 있습니다. '성실하게' 입니다. 생활습관과 학습 능력 모두 '성실함'이 키워드입니다. 초등학교 저학년은 삶과 학습을 대하는 태도를 가꾸어 나가는 시기입니다. 하찮아 보이는 과제도 성실하게 해내는 습관을 들여야 합니다. 꼼꼼하게 색칠하기, 선을 따라서 깔끔하게 오리기, 가장자리에 풀칠해서 덜렁거리지 않게 붙이기, 글씨를 바르게 쓰기 등 사소한 일부터 착실하게 해야 더 큰 과제도 잘 해낼 수 있습니다. 글씨를 바르게 쓸 때와 대충 쓸 때는 아이의 눈빛과 앉아 있는 자세부터 완전히 다릅니다. 사소해 보이는 과제라도 혼자 힘으로 성실히 해낼 수 있게 도와 주세요.

조작 활동이 바른 글씨와 성취감을 만들어요

어느 날 한 아이의 할머니가 전화하셨습니다. '언제까지 애들한테 색칠하고 오리고 붙이는 걸 시킬 거냐. 우리 손자는 똘똘한 아이다. 학교에서 공부 좀 시켜라.'라고 속상한 마음을 털어놓으셨습니다. 손자가 얼른 번듯한 글도 쓰고, 어려운 수학 문제도 푸는 걸 봤으면 좋겠는데, 교과서에는 글자도 몇 개 없고 허구한 날 색칠하고 만든 작품을 집으로 가져오니 답답하셨나 봅니다. 1학년 교과서를 보면, 선 긋기, 색칠하기, 종이접기, 모양 오려 붙이기, 만들기가 많습니다. 다양한 조작 활동이 학습과 관계없는 것처럼 보이지만, 글씨를 쓸 때 사용하는 근육을 옹골지게 만드는 중요한 활동입니다. 딱지치기, 구슬치기, 지우개 따먹기 등 손 근육을 많이 썼던 부모 세대와는 달리 요즘 아이들은 손을 쓸 일이 별로 없습니다. 유명한 대학교 입시 논술 강사의 첫 마디가 '글씨부터 좀 잘 써라.'인 걸 보면, 고등학생이 되어도 글씨 쓰기를 어려워하는 학생이 많은 걸 알 수 있습니다. 아이들의 기본 생활 습관과 기초 학습 능력 함양을 위해서는 글씨를 쓸 때 사용하는 근육을 훈련하는 활동이 꼭 필요합니다.

소근육 발달에 더하여 색칠하고 만드는 활동은 아이들에게 성취감을 줍니다. 1학년에게 중요한 학습 능력은 학습 능력 자체보다 공부에 대한 '흥미'와 '자신감'입니다. 자존감을 기르려면, 작은 일이라도 스스로 완성해내는 성취감을 반복해서 느껴야 합니다. '나는 공부가 재미있다. 나는 공부를 잘할 수 있다.'라는 학습 자기효능감은 주어진 과업을 해내는 성공감의 누적으로 다져집니다. 아이들이 열심히 그리고, 만들고, 써서 완성한 결과물을 친구, 선생님, 부모님에게 내밀 때 얼마나 뿌듯한 표정을 짓는지 한 번쯤은 보셨을 겁니다.

집에서 아이와 다양한 독서 활동을 해보세요

성실한 태도, 자존감과 더불어 탄탄하게 다져야 하는 기초 학습 능력은 문해력입니다. 읽고 이해하는 능력은 모든 학습의 기초입니다. 문해력은 하루아침에 늘지 않습니다. 온라인 학습 기간에 아이가 집에서 노는 시간이 많다고 걱정하기보다 독서 시간이 늘어난 것을 기뻐해 주세요. 초등학교 저학년 시기는 국어, 수학 문제를 한 문제 더 푸는 것보다 책 읽기가 훨씬 도움이 됩니다. 온라인 수업 시간을 제외하고는 아이가 마음껏 뒹굴뒹굴하며 책을 읽을 수 있는 환경을 만들어 주세요. 아이가 관심을 가진 분야의 책, 제목만 봐도 웃긴 책, 모양이 특이하거나 주인공이 유별난 책 등 다양한 책을 읽게 해주세요. 아이가 책을 읽지 않으면 좀 힘들더라도 부모님이 읽어 주세요. 대화를 나누며 책에서 새로 만난 어휘도 익히고, 주인공의 모습을 그려보고, 만화로 새로 엮어 보고, 역할놀이도 해보는 등 다양한 독서 활동을 해보세요. 책을 최고의 선생님이자 친구로 소개해 주세요.

아이에게 필요한 역량이 무엇인지 생각해 보셨나요? 초등학교 1학년이 된 아이의 학습 목표를 정하셨나요? 부모님이 아이를 일방적으로 끌고 가기보다는, 아이의 마음을 보듬으며 배움의 시작을 함께 하기로 마음먹으셨나요? 그럼 이제, 온라인 수업 준비 팁을 읽어 보세요. 학생 각자의 환경이 모두 다르기에 저희의 조언이 100% 옳다고 생각하지는 않습니다. 다만, '온라인'에서 하는 수업의 특성상 아이의 신체 · 정서적 안전 장치가 꼭 필요하다는 사실을

염두에 두셨으면 좋겠습니다.

기계 사용 방법을 익히게 하고 디지털 안전망을 쳐주세요

온라인 수업에 사용할 기기 사용 방법을 먼저 익혀야 합니다. 아이들은 '디지털 네이티브(digital native)'라는 말이 실감 날 정도로 스마트 기기를 잘 다루니까 크게 걱정 안 하셔도 됩니다.

다만 인터넷 유해 환경에 도출되지 않도록 꼼꼼하게 안전망을 쳐주세요. 저작권 교육을 비롯하여 다른 사람은 물론 자신과 가족의 모습을 촬영해서 공유하면 안 된다는 것부터 단단히 알려주세요. 아이도 모르는 사이에 사이버 범죄의 피해자나 가해자가 될 수 있습니다. 부모님이 함께 있어도 한 번의 클릭으로 유해 사이트나 유튜브 동영상에 빠질 수 있습니다. 유해 사이트 차단, 10분마다 화면 캡처, 사용 시간 관리 등 자녀 보호 인터넷 모바일 서비스가 많습니다. 가정에 알맞은 유해 환경 차단 서비스를 찾아서 활용하세요. 스마트TV인 경우, 인터넷 연결을 차단하는 등 유해 환경으로부터 아이를 보호해주세요. 가능하면 컴퓨터, TV, 스마트기기는 부모가 관리할 수 있는 공간에서 사용할 수 있게 해주세요. 아이가 인터넷과 연결되는 기기를 방으로 갖고 들어가면 인터넷 세상에서 혼자 떠돌아다닐 가능성이 높습니다. 길거리보다 인터넷 모바일 세상이 훨씬 위험할 수 있다는 걸 기억해 주세요.

집중력을 높이는 환경 조성하기

공부하는 공간과 쉬는 공간을 분리해 주세요. 될 수 있으면 온라인 수업에서 사용하는 기기는 거실에 두고, 온라인 수업 중에는 거실이 교실인 것처럼 공부하는 분위기를 만들어 주세요. 자녀가 여러 명이라서 거실에 스마트기기를 둘 수 없는 상황이라면, 수시로 아이의 온라인 접속 상태를 확인할 방법을 확보하세요. 아이에게 '너를 믿지 못하는 것이 아니라 나쁜 어른들을 못 믿어서 너를 보호하는 것'이라고 설명해 주세요.

실시간 화상 수업을 할 때는 아이 뒤쪽이 벽면인 것이 좋습니다. 다른 사람이 왔다 갔다 하거나 장난감이 보이는 등 주의를 산만하게 하는 요소를 없애야 아이도, 반 친구들도 수업에 집중할 수 있습니다. 카메라가 비치는 곳은 정리하고, 옷을 단정하게 입습니다. 선생님이나 친구들의 허락 없이 실시간 화상 수업을 녹화하거나 촬영해서는 안 되고, 자신을 포함하여 다른 사람의 모습, 수업 장면을 찍은 사진이나 동영상을 공유하면 안 된다고 꼭 알려주세요. 스스로 수업을 준비하도록 도와주세요

아이가 등교하는 것과 똑같이 온라인 수업 시간표에 따라 미리 교과서와 준비물을 챙겨 놓도록 지도하세요. 스스로 수업을 준비하는 습관을 만들어주는 것이 좋습니다. 수업 시간 전에 교과서와 준비물을 챙겨 놓고 책상과 책상 주변을 정리하면 수업에 집중할 준비가 됩니다.

온라인 수업 전에 '이 그림은 어떤 장면이지?' '무엇을 배우게 될까?' '선생님은 이걸 뭐라고 설명하실까?' 하고 생각하며 오늘 배울 부분을 한 번 훑어보게 도와 주세요. 저는 수업을 시작하기 전에 위의 질문을 던지고, 아이들에게 1~2분 정도 교과서를 스윽~ 살펴보게 합니다. 아무 준비 없이 시작한 수업보다 생각을 자극하는 질문을 하고 시작한 수업은 아이들의 참여도가 다릅니다. 미리 공부하는 것이 아니라 수업에 흥미를 갖고 적극적으로 참여할 수 있는 준비 정도만 하는 겁니다.

온라인 수업 중 지켜야 할 주의사항

스피커 사용을 추천합니다

여러 명이 각자 다른 수업을 듣는 공간이 아니라면, 스피커에서 나오는 소리로 듣게 해주세요. 간혹 아이가 집중해야 한다며 헤드셋을 끼고 수업을 듣게 하시는 부모님이 계십니다. 헤드셋이나 이어폰은 아이의 청력에도 좋지 않지만, 무엇보다 수업 현장과 비슷한 상황에서 수업을 듣게 하는 것이 좋으므로 스피커로 듣는 것이 좋습니다. 듣기 평가도 헤드셋이 아니라 스피커에서 나오는 소리를 듣습니다. 온라인 수업도 스피커로 듣는 것이 현장감을 더해 줍니다.

아이와 함께 온라인 수업을 들으세요

가능하면 처음 며칠은 자녀와 같이 온라인 수업을 들으세요. 아이의 수업 태도를 지적하기보다 도움을 주려는 마음을 굳게 먹고 함께 들어 주세요. '선생님이 이렇게 하라고 하셨네, 우리는 어떻게 해볼까?', '이럴 땐 얼른 가위랑 풀을 가져와야겠구나. 미리 준비물을 챙겨 놓

아야 더 좋겠다' '우리 OO가 혼자도 이렇게 집중해서 수업을 잘 듣는구나. 정말 대견한 걸?' '이럴 땐 화면을 멈추고 직접 해보면 되겠네!' 등 온라인 수업에 능동적으로 참여하는 방법을 직접 보여 주세요.

최대한 실제 수업과 똑같은 상황을 만들어 주세요

온라인 수업을 소파에 앉아 TV 시청하듯 보는 학생이 많습니다. 반복해서 드리는 조언이지만, 최대한 실제 수업과 똑같은 상황을 만들어 주세요. 컴퓨터나 스마트기기로 듣는 온라인 수업에서도 교실 상황과 비슷하게 책상 앞에 바르게 앉아 듣고, 손은 바쁘게 움직여야 합니다. 읽고, 중요한 부분에 줄도 그어 보고, 교과서나 공책에 바른 글씨로 쓰기도 하면서 분주하게 활동해야 집중할 수 있습니다.

아이가 수업에 적극적으로 참여하도록 독려합니다

학습 게시판이나 실시간 채팅 등 학습 과정에 적극적으로 참여하면 온라인 수업에 재미를 붙일 수 있습니다. 다른 친구가 올린 글을 읽고 답글도 달아보고, 내 과제도 올려서 피드백을 받으면 온라인 학습을 기다릴 정도로 흥미를 갖고 참여합니다.

온라인 수업 후에도 세심한 관심이 필요해요

아이가 교과서 활동을 다 마무리했는지 확인해요

교과서에 제시된 활동을 성실하게 다 했는지 확인해 주세요. 교과서의 질문에는 완전한 문장의 답을 바른 글씨로 쓰게 해야 합니다. 1학년 교과서에는 읽을 글자도, 쓸 내용도 많지 않습니다. 몇 글자 안 된다고 대충 넘어가면 안 됩니다. 교과서를 꼼꼼하게 읽고, 교과서 학습 활동을 성실하게 해내는 태도가 습관이 되어야 합니다.

무엇을 배웠는지 떠올려 말할 시간과 기회를 주세요

"오늘 온라인 수업은 국어랑 수학이었어요. 국어 시간에는 때에 알맞은 인사말을, 수학 시간에는 수 읽는 방법을 배웠어요. 때에 알맞은 인사말은……. 수는 어떻게 읽냐면…….” 하고 자기 말로 배운 내용을 소화하는 시간이 필요합니다. 환경이 허락한다면 벽에 보드를 걸어 놓고 아이는 선생님이 되어 그날 배운 내용을 설명하고, 부모님은 학생이 되어 자녀가 설명하는 내용을 들어보세요. 아이들이 학교 놀이를 참 좋아한다는 걸 금방 알게 되실 겁니다. 학교 놀이는 즐겁게 복습도 하고, 수업 내용을 자기의 지식으로 흡수, 재구성하는 훌륭한 방법입니다.

쉬는 시간에는 신나게 놀 수 있도록 배려해 주세요

쉬는 시간은 아이들이 살아나는 시간입니다. 수업 시간이 끝나면 드디어 아이들이 기다리고 기다리던 노는 시간인 거죠. 아이들이 에너지를 다 쏟아내어 노는 모습을 보면 ‘저렇게 친구랑 놀고 싶어서 학교에 오는 거지.’ 하는 생각이 듭니다. 친구들과 놀지도 못하고 온라인으로 수업만 들으니 무슨 재미가 있을까요? 온라인 수업을 열심히 듣고 난 다음에는 쉬는 시간을 즐기게 해주세요. 열심히 공부한 아이들이 죄책감 없이, 눈치 보지 않고 신나게 놀 수 있게 배려해주세요. 성실하게 학습 활동을 마치고 나서 맛보는 달콤한 놀이 시간은 아이들의 스트레스 해소는 물론 학습 의욕 강화에도 도움이 됩니다.

다음 수업을 함께 준비해요

등교 수업 때 가져가야 할 교과서와 과제를 꼼꼼히 챙기게 도와 주세요. 알림장 내용을 아이와 함께 하나하나 읽어 보면서 챙겨 주세요.

입학을 축하합니다. 마스크를 쓰고, 방역 수칙을 잘 지키며 어려운 시기를 훌륭하게 보낸 어린이들을 칭찬하고 싶습니다. 누구보다 집에서 아이들을 삼시 세끼 먹이고, 부족한 학습까지 메워주시느라 수고하신 학부모님들께 존경의 뜻을 전하고 싶습니다. 부모님의 사랑과 관심이 있는 한, 우리 아이들은 흔들리지 않고 어떤 일이든 멋지게 해낼 수 있습니다. 우리 초등학교 친구들과 학부모님을 힘껏 응원합니다.

1부.

국어 시간 필수 어휘

자세

교과서, 평가 시간에 이렇게 사용해요

"바른 자세로 낱말을 읽고 써 봅시다."

무슨 뜻일까요?

국어 사전에는 이렇게 나와요.

몸을 움직이거나 가누는 모양.

'자세'란 우리 몸의 모양을 말해요.
선생님이 '찰칵' 하면, 사진을 찍듯이 그대로 멈춰 볼까요?
멈추었을 때 우리 몸의 모양을 자세라고 하지요.

언제, 어떻게 사용할까요?

★ 다음 중 쓰는 자세가 바른 친구를 골라 봅시다.

①

②

③

④

유지하다

교과서, 평가 시간에 이렇게 사용해요

"연필을 바르게 잡는 자세를 유지해야 합니다."

무슨 뜻일까요?

국어 사전에는 이렇게 나와요.

어떤 상태나 상황을 그대로 보존하거나 변함없이 계속하여 지탱하다.

즐겁게 움직이다가 선생님이 멈추라고 신호를 보내면 그대로 멈추는 놀이, 해 보았죠? 우리가 몸을 움직이지 않고 눈사람처럼 가만히 있는 것을 '유지'라고 해요.

체육 시간에도 많이 쓰여요.
→ "매트에서 한 발을 들고 그대로 1분간 유지해 봅시다."

언제, 어떻게 사용할까요?

★ 바르게 앉는 자세를 유지하려면 눈과 허리, 엉덩이, 발은 어떻게 해야 할까요?

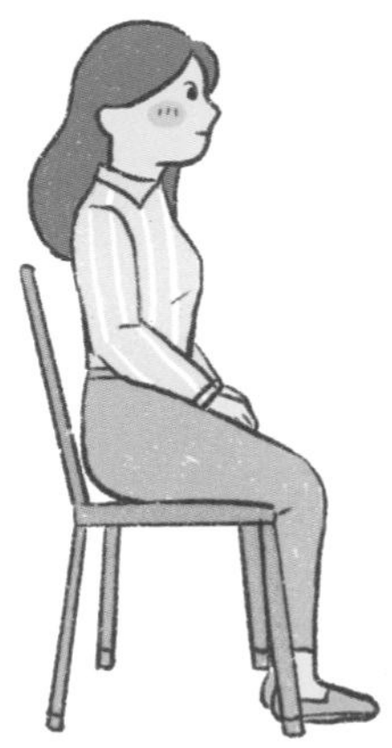

♡ 눈 : ________________

♡ 허리 : ________________

♡ 엉덩이 : ________________

♡ 발 : ________________

상황

교과서, 평가 시간에 이렇게 사용해요

"상황에 따라 어떤 인사말을 나누는지 알아봅시다."

무슨 뜻일까요?

국어 사전에는 이렇게 나와요.

일이 되어 가는 과정이나 형편.

'상황'이란 어떤 일 속에서 펼쳐지는 과정 같은 거예요.
꽃이 필 때에도 싹이 나고, 줄기가 올라가고,
꽃봉오리가 맺히고, 꽃이 피어나지요?
꽃이 피는 과정 속에서는 여러 가지 '상황'이 펼쳐진답니다.

바른 생활 시간에도 많이 쓰여요.
→ "비 오는 상황에 알맞은 옷차림을 한 친구를 골라보세요."

언제, 어떻게 사용할까요?

★ 다음 상황에서 윤서가 친구에게 뭐라고 말하면 좋을지 생각해 봅시다.

교과서, 평가 시간에 이렇게 사용해요

고려하다

"일이 일어난 순서를 고려하며 듣고 말해 봅시다."

무슨 뜻일까요?

국어 사전에는 이렇게 나와요.

관련된 여러 가지 사정을 자세히 따져서 생각하는 것.

생각하고 헤아려 봄.

'고려'하는 것은 곰곰이 생각하고 헤아려 보는 거예요.
다리를 다친 친구에게 같이 축구를 하자고 하는 건
그 친구의 상황을 고려한 행동일까요?
온종일 직장에서 일하다가 돌아오신 부모님의 마음과 사정을
곰곰이 생각하고 헤아린다면, 우리는 어떻게 해야 할까요?

언제, 어떻게 사용할까요?

★ 대화할 때 고려해야 할 점을 떠올리며 인호가 친구에게 뭐라고 말해야 좋을지 생각해 봅시다.

교과서, 평가 시간에 이렇게 사용해요

감정

"자신의 감정을 떠올리며 대화를 나누어 봅시다."

무슨 뜻일까요?

국어 사전에는 이렇게 나와요.

어떤 현상이나 일에 대하여 일어나는 마음이나 느끼는 기분.

'감정'이란 어떤 일을 보거나 겪을 때 느끼는 기분이에요.
귀여운 강아지를 볼 때 키우고 싶은 마음이 드는 것,
내가 좋아하는 친구가 짝꿍이 되었을 때 설레는 마음 등등…….
감정에는 좋은 감정도 있고, 나쁜 감정도 있어요.
또 그 안에는 정말 다양한 감정이 있지요.
지금 내 감정을 한마디로 표현해 볼까요?

언제, 어떻게 사용할까요?

★ 책을 읽으면서 느낀 감정이나 생각을 이야기해 봅시다.

『헨델과 그레텔』을 읽으면서
마녀가 나타날까 봐
무서운 감정이 들었어요.

『콩쥐 팥쥐』를 읽고
콩쥐가 불쌍했어요.

순서

교과서, 평가 시간에 이렇게 사용해요

"모음자를 순서대로
연결해 봅시다."

무슨 뜻일까요?

국어 사전에는 이렇게 나와요.

무슨 일을 행하거나 무슨 일이 이루어지는 차례.

"키가 작은 사람부터 순서대로 줄을 서세요."라고 하면
키가 가장 작은 친구가 제일 앞에,
키가 가장 큰 친구가 뒤에 서지요.
'순서'는 어떤 일이 이루어지는 차례를 말해요.

수학 시간에도 많이 쓰여요.
→ "수를 순서대로 써 보세요."

언제, 어떻게 사용할까요?

★ 자음자의 순서를 따라 산을 올라가 봅시다.

장면

교과서, 평가 시간에 이렇게 사용해요

"책을 읽고, 기억에 남는 장면을 그려 봅시다."

무슨 뜻일까요?

국어 사전에는 이렇게 나와요.

어떤 장소에서 겉으로 드러난 면이나 벌어진 광경.

'장면'이란 주인공들이 나오는 바탕 그림 같은 거예요.
흥부와 놀부에서 흥부가 박을 타는 모습을 떠올려 봐요.
박을 타고 금은보화가 쏟아지는 그림을 그려 볼 수 있겠지요?

언제, 어떻게 사용할까요?

★ 토끼와 거북이를 보고 재미있었던 장면에 대해 이야기 나누어 봅시다.

교과서, 평가 시간에 이렇게 사용해요

집중하다

"말하는 이와 말하는 내용에 집중하여 들어 봅시다."

무슨 뜻일까요?

국어 사전에는 이렇게 나와요.

한곳을 중심으로 하여 모이다. 또는 그렇게 모으다.

한 가지 일에 모든 일을 쏟아 붓다

'집중'이란 수업 시간에 선생님의 눈을 바라보고 듣는 거예요.

발표하는 친구를 바라보고 잘 듣는 것도 집중이지요.

한곳을 중심으로 바라보고, 또 모이는 것을 말해요.

'집중호우'가 뭐냐고요?

→ 비가 한곳을 중심으로 마구 쏟아져 내리는 것을 말해요.

언제, 어떻게 사용할까요?

★ 주의 집중을 위한 약속을 만들고 실천해 봅시다.

허리는	곧게
가슴은	펴고
고개는	들고
두 눈은	반짝 반짝

교과서, 평가 시간에 이렇게 사용해요

태도

"바르고 고운 말을 사용하여 말하는 태도를 길러 봅시다."

무슨 뜻일까요?

국어 사전에는 이렇게 나와요.

어떤 일이나 상황 따위를 대하는 마음가짐. 또는 그 마음가짐이 드러난 자세.

내가 잘못해서 부모님께 꾸중을 들을 때,
억울한 마음이 들면 화난 표정이 드러나게 되지요?
하지만 부끄러운 마음을 가지면 고개를 숙이게 됩니다.
'태도'란 이렇게 속마음이 겉으로 드러나는 자세랍니다.

바른 생활 시간에도 많이 쓰여요.
→ "서로 양보하는 태도를 갖기 위해 약속해 봅시다."

언제, 어떻게 사용할까요?

★ 대화할 때 자신의 태도를 되돌아보고 표시해 봅시다.

고마운 마음이 들 때 "고마워."라고 말한다.	○	○	○
미안한 일이 생기면 "미안해."라고 말한다.	○	○	○
칭찬할 일이 있으면 "참 잘했어."라고 칭찬한다.	○	○	○
축하할 일이 생기면 "축하해."라고 말한다.	○	○	○

매우 잘함 : ●●● 잘함 : ●● 보통임 : ●

교과서, 평가 시간에 이렇게 사용해요

확인하다

"내용을 확인하며
글을 읽어 봅시다."

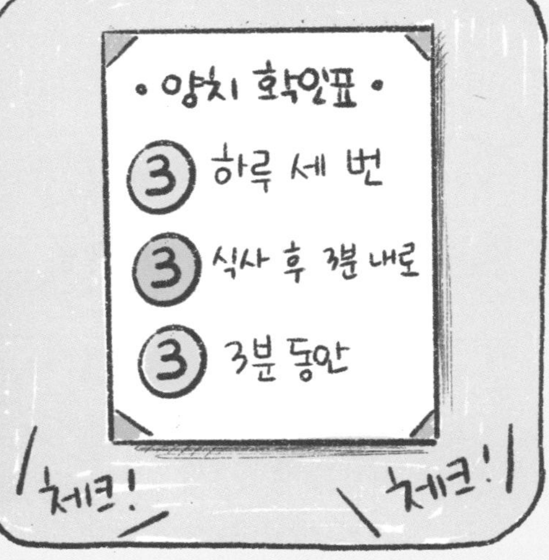

무슨 뜻일까요?

국어 사전에는 이렇게 나와요.

틀림없이 그러한가를 알아보거나 인정하다.

선생님께 숙제를 보여 드리면 확인을 해 주시고
칭찬 도장을 찍어 주십니다.
사물함에서 물건을 꺼낼 때 내 번호가 맞는지 확인해야 하지요.
'확인'은 정말 잘했는지, 맞는지 알아보고 인정하는 거예요.

언제, 어떻게 사용할까요?

★ 등장인물이 무엇을 했는지 알기 위해 확인해야 하는 것을 모두 골라 색칠해 봅시다.

처지

교과서, 평가 시간에 이렇게 사용해요

"글을 읽고 인물의 처지를 생각해 봅시다."

길스 풀 때까지 못 노는 내 처지가 참 처량하구나.

무슨 뜻일까요?

국어 사전에는 이렇게 나와요.

처하여 있는 사정이나 형편.

다리에 깁스를 하면 피구를 할 수 없는 처지가 됩니다.
미술 시간에 색종이가 없으면 종이접기를 할 수 없는 처지예요.
이렇게 '처지'란 지금 놓여 있는 상황을 말해요.

언제, 어떻게 사용할까요?

★ 그림 속 인물의 처지를 고려하여 필요한 물건을 고르세요.

① 과자 ② 아이스크림 ③ 핸드폰 ④ 우산

교과서, 평가 시간에 이렇게 사용해요

짐작하다

"『아홉 살 마음 사전』에 나오는 인물의 마음을 짐작해 봅시다."

무슨 뜻일까요?

국어 사전에는 이렇게 나와요.

사정이나 형편 따위를 어림잡아 헤아리다.

'짐작'은 어떤 상황에서 무슨 마음이 들었을지 생각해 보는 거예요. 더운 여름에 수영장에서 친구들과 물놀이를 하면 어떤 마음이 들까요? 짐작해 보면 신나는 마음, 행복한 마음이 들겠지요.

언제, 어떻게 사용할까요?

★ 인물의 마음은 어떻게 짐작할 수 있을지 알맞은 것을 골라 색칠해 봅시다.

흥미

교과서, 평가 시간에 이렇게 사용해요

"읽기에 흥미를 가지고
즐겨 읽는 태도를 가져 봅시다."

무슨 뜻일까요?

국어 사전에는 이렇게 나와요.

흥을 느끼는 재미. 어떠한 활동이나 사물에 대해 특별히 좋고 즐거운 느낌을 가지거나 관심을 나타내는 것.

'흥미'란 내가 좋아하고 재미를 느끼는 거예요.

나는 친구들과 축구할 때 흥미를 느낍니다.

나는 아이돌이 추는 춤에 흥미가 있어서 혼자 따라 추기도 해요.

진로 교육 시간에도 많이 쓰여요.
→ "흥미와 재능을 통해 꿈을 찾아 봅시다."

언제, 어떻게 사용할까요?

★ 내가 잘하는 것과 내가 흥미를 가진 것에 대해 3줄 글쓰기를 해 봅시다.

내가 잘하는 것은 ______________________________ 입니다.

내가 흥미를 느끼는 것은 ____________________________ 입니다.

나의 꿈은 _________________________ 입니다.

비교하다

교과서, 평가 시간에 이렇게 사용해요

"내가 쓴 글과 친구가 쓴 글을 비교해 봅시다."

무슨 뜻일까요?

국어 사전에는 이렇게 나와요.

둘 이상의 사물을 견주어 유사점과 차이점 등을 찾다.

자전거와 오토바이는 모두 탈 수 있어요.
하지만 오토바이가 자전거보다 빨라요.
'비교'는 이렇듯 서로 같은 점과 다른 점을 찾는 거예요.

수학 시간에도 많이 쓰여요.
→ "두 수의 크기를 비교해 보세요."

언제, 어떻게 사용할까요?

★ 다음 동물의 이름을 쓰고, 비교하여 이야기해 봅시다.

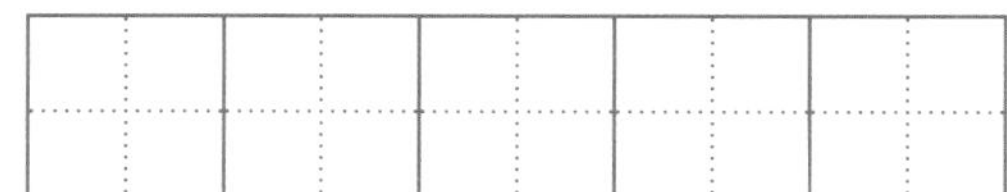

점검하다

교과서, 평가 시간에 이렇게 사용해요

"자신의 쓰기 자세를 점검해 봅시다."

무슨 뜻일까요?

국어 사전에는 이렇게 나와요.

낱낱이 검사하다.

'점검'은 꼼꼼하게 검사하는 것을 말해요.
소방 점검은 불이 났을 때 경보음이 제대로 울리는지
검사하는 거예요.
자동차도 점검을 잘해야 해요.
자동차 서비스 센터에 가서 고장난 곳은 없는지
꼼꼼하게 검사해야 안전하게 탈 수 있지요.

언제, 어떻게 사용할까요?

★ 자신의 읽기 자세를 떠올려 보고, 바른 자세로 책을 읽는지 점검해 봅시다.

의자에 바르게 앉았나요?	○ ○ ○
허리를 곧게 폈나요?	○ ○ ○
책과 눈의 거리를 알맞게 했나요?	○ ○ ○

매우 잘함 : ●●● 잘함 : ●● 보통임 : ●

완성하다

교과서, 평가 시간에 이렇게 사용해요

"바른 자세로 선을 따라 긋고
재미있는 그림을 완성해 봅시다."

무슨 뜻일까요?

국어 사전에는 이렇게 나와요.

완전히 다 이루다.

'완성'은 어떠한 것을 모두 이루어 내는 것을 의미해요.
퍼즐 조각을 마지막 한 조각까지 맞추면 완성이지요.
빨강, 주황, 노랑, 초록, 파랑, 남색을 색칠하고,
마지막 보라색까지 칠하면
무지개가 완성되는 것처럼요!

즐거운 생활 시간에도 많이 쓰여요.
→ "친구들과 함께 학급 그림책을 완성해 보세요."

언제, 어떻게 사용할까요?

★ 캐릭터 얼굴을 완성해 봅시다.

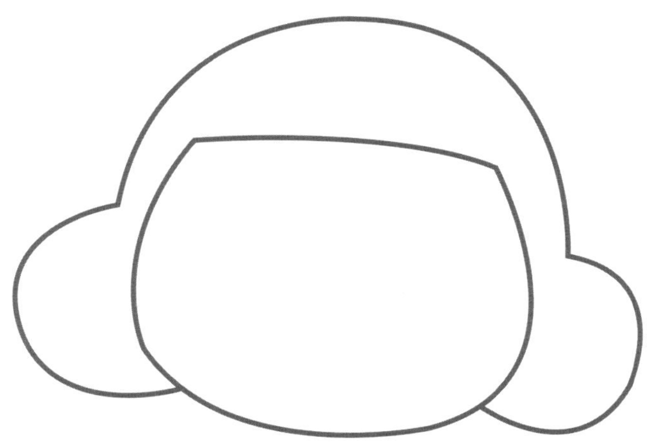

교과서, 평가 시간에 이렇게 사용해요

연습하다

"낱말을 따라 쓰는 연습을 계속해 봅시다."

무슨 뜻일까요?

국어 사전에는 이렇게 나와요.

학문이나 기예 따위를 익숙하도록 되풀이하여 익히다.

공을 찼는데 골대를 맞고 넘어 갔어요.
여러 번 공차기를 했더니 골을 넣을 수 있게 되었어요.
'연습'은 공부나 운동, 노래 등을 여러 번 반복해서 익히는 거예요.

즐거운 생활 시간에도 많이 쓰여요.
→ "노래에 맞추어 다양한 동작을 연습해 봅시다."

언제, 어떻게 사용할까요?

★ 줄넘기를 매일 50개씩 연습해 보고 체크 리스트를 작성해 봅시다.

날짜	확인	날짜	확인	날짜	확인
(　　)월(　　)일		(　　)월(　　)일		(　　)월(　　)일	
(　　)월(　　)일		(　　)월(　　)일		(　　)월(　　)일	
(　　)월(　　)일		(　　)월(　　)일		(　　)월(　　)일	
(　　)월(　　)일		(　　)월(　　)일		(　　)월(　　)일	
(　　)월(　　)일		(　　)월(　　)일		(　　)월(　　)일	

발음하다

교과서, 평가 시간에 이렇게 사용해요

"입 모양을 생각해 'ㅗ'와 'ㅜ'를 발음해 봅시다."

무슨 뜻일까요?

국어 사전에는 이렇게 나와요.

음성을 내다.

'발음'은 말을 소리 내는 거예요.

글자를 보고, 소리 내어 읽거나 말하는 것이지요.

언제, 어떻게 사용할까요?

★ 모음자의 순서대로 점과 점 사이를 잇고, 모음자를 발음해 봅시다.

교과서, 평가 시간에 이렇게 사용해요

표정

"자음자를 넣어
얼굴 표정을 그려 봅시다."

무슨 뜻일까요?

국어 사전에는 이렇게 나와요.

마음속에 품은 감정이나 정서 따위의 심리 상태가 겉으로 드러남.
또는 그런 모습.

'표정'은 내 마음이 얼굴에 드러나는 거예요.
부모님께 칭찬받으면 기쁜 마음이 얼굴에 드러나지요.
동생이랑 다투어서 화가 나면
화난 마음이 얼굴에 나타나지요.

즐거운 생활 시간에도 많이 쓰여요.
→ "친구의 얼굴을 보고 어떤 표정인지 알아맞히는 놀이를 해 봅시다."

언제, 어떻게 사용할까요?

★ 여러 가지 표정을 살펴보고 따라해 봅시다.

슬퍼요.

놀랐어요.

기뻐요.

신나요.

차이

교과서, 평가 시간에 이렇게 사용해요

"자음자 소리의
차이를 알아봅시다."

무슨 뜻일까요?

국어 사전에는 이렇게 나와요.

서로 같지 아니하고 다름. 또는 그런 정도나 상태.

나는 여덟 살이고 동생은 여섯 살. 그럼 나이가 두 살 차이가 나지요. 나와 동생이 나이가 같지 않고 서로 다르기 때문이에요. '차이'는 서로 같지 않고 다른 걸 말해요.

수학 시간에도 많이 쓰여요.
→ "코끼리는 아홉 살, 기린은 네 살입니다. 둘은 몇 살 차이가 날까요?"

언제, 어떻게 사용할까요?

★ 다람쥐와 청설모의 차이점을 알아봅시다.

다람쥐

갈색 털에 줄무늬가 있다.

청설모

몸의 털은 검은색,
배의 털은 흰색이다.

어휘 척척 박사 도전!

♣ 빈칸에 들어갈 말을 보기에서 골라 써 보세요.

<보기>

자세 발음 표정 연습 처지 고려 비교 흥미 장면

나 어제 시꽈에서 앞니 두 개 뽑았어.

시꽈? 아~ 시꽈!

너희 둘 너무 웃겨! 시꽈가 뭐야? 따라해 봐!

치 꽈

시과!

① 이
그게 뭐야?
우하하하
너~!

100번 ② 해도
어렵겠구나!
너,
앞니 빠질 때
두고 보자!

앞니 없는 친구 ③ 를
생각하지 않고 놀리면 안 되지!

앗, 너희 상황을
④ 하지 않고 놀려서
미안해.

다음날
얘들아, 나도 어제
시과 다녀왔어!
하하하

2부.

수학 시간 필수 어휘

짝수

교과서, 평가 시간에 이렇게 사용해요

"짝수와 홀수를
알아봅시다."

무슨 뜻일까요?

국어 사전에는 이렇게 나와요.

일의 자리 숫자가 0, 2, 4, 6, 8인 수.

일의 자리 숫자가 0, 2, 4, 6, 8과 같이
둘씩 짝을 지을 수 있는 수를 '짝수'라고 해요.

언제, 어떻게 사용할까요?

★ 오늘은 자동차 번호 끝자리가 짝수인 차만 우리 학교에 들어올 수 있어요.
이 차는 오늘 우리 학교에 들어갈 수 있을까요?

홀수

교과서, 평가 시간에 이렇게 사용해요

"짝수와 홀수를 알아봅시다."

무슨 뜻일까요?

국어 사전에는 이렇게 나와요.

일의 자리 숫자가 1, 3, 5, 7, 9인 수.

일의 자리 숫자가 1, 3, 5, 7, 9와 같이
둘씩 짝을 지을 수 없는 수를 홀수라고 해요.

언제, 어떻게 사용할까요?

★ 사탕을 둘씩 짝을 지어 보고, 17은 짝수인지 홀수인지 알아보세요.

17

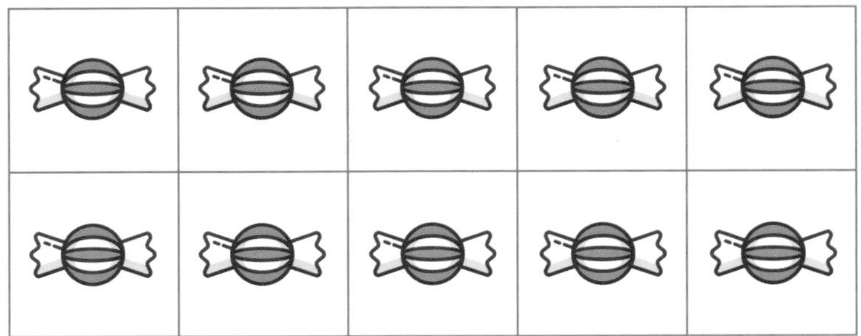

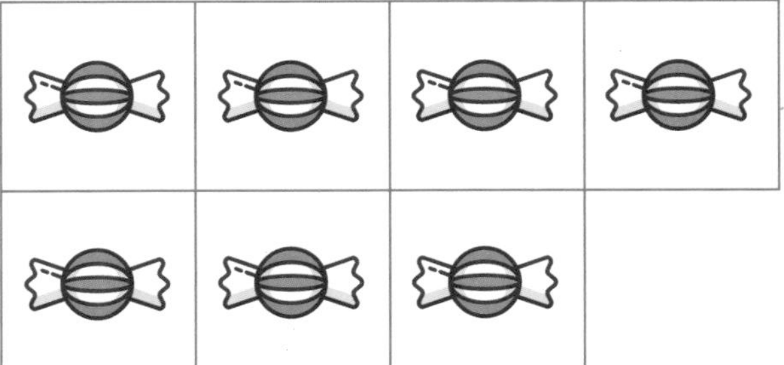

개수

교과서, 평가 시간에 이렇게 사용해요

"여러 가지 모양의
개수를 세어봅시다."

무슨 뜻일까요?

국어 사전에는 이렇게 나와요.

한 개씩 낱으로 셀 수 있는 물건의 수효.

'개수'는 '몇 개'랑 비슷한 말이에요.

교실에 있는 창문은 몇 개인지 세어 볼까요?

하나, 둘, 셋, … 열다섯, 열여섯. 교실 창문의 개수는 열여섯 개입니다.

언제, 어떻게 사용할까요?

★ 한옥 창문에서 찾을 수 있는 □의 개수를 세어봅시다.

[ ] 개

교과서, 평가 시간에 이렇게 사용해요

묶음

"10개씩 묶음이
1개씩 늘어나는 수를 쓰고
읽어 봅시다."

무슨 뜻일까요?

국어 사전에는 이렇게 나와요.

한데 모아서 묶어 놓은 덩이. 묶어 놓은 덩이를 세는 단위.

내가 좋아하는 요구르트는 5개씩 묶어서 팔아요.
우리 아빠가 잘 끓여 주는 라면은 4개씩 묶여 있어요.
이렇게 묶어 놓은 덩이를 '묶음'이라고 불러요.

언제, 어떻게 사용할까요?

★ 알맞게 이으세요.

① 10개씩 묶음 9개와 낱개 5개 •	• 64 •	• 아흔다섯
② 10개씩 묶음 8개와 낱개 7개 •	• 87 •	• 서른넷
③ 10개씩 묶음 6개와 낱개 4개 •	• 95 •	• 예순넷
④ 10개씩 묶음 4개와 낱개 12개 •	• 52 •	• 쉰둘
⑤ 10개씩 묶음 2개와 낱개 14개 •	• 34 •	• 여든일곱

교과서, 평가 시간에 이렇게 사용해요

낱개

"낱개가 1개씩 늘어나는 수를 쓰고 읽어 봅시다."

무슨 뜻일까요?

국어 사전에는 이렇게 나와요.

여럿 가운데 따로따로인 한 개 한 개.

햄버거는 한 개씩 따로따로, 낱개로 포장되어 있어요.
크레파스가 낱개로 나와 있으면 잃어 버리기 쉬우니까,
통에 잘 넣어 두어야 해요.
'낱개'는 묶음 속의 한 개를 뜻해요.

언제, 어떻게 사용할까요?

★ 모형의 수를 세어 봅시다.

① 1개씩 낱개로 세어 보니
( )개입니다.

② 노란색 모형, 파란색 모형,
초록색 모형의 수를 이어
세어 보니 모두
( )개입니다.

③ 노란색 모형의 수: ( )개

④ 파란색 모형의 수: ( )개

⑤ 초록색 모형의 수: ( )개

모양

교과서, 평가 시간에 이렇게 사용해요

"여러 가지 모양을 꾸며 봅시다."

무슨 뜻일까요?

국어 사전에는 이렇게 나와요.

겉으로 나타나는 생김새나 모습.

한 덩어리의 고무찰흙을 둥글게 만들어 보세요. 공 모양이 되었죠? 위, 아래, 옆을 평평하게 두들기면 상자 모양이 되지요. 이처럼 '모양'은 겉으로 보이는 생김새를 말해요.

국어 시간에도 많이 쓰여요.

→ "노래 「구슬비」를 듣고 비의 모양을 흉내 내는 말을 찾아 봅시다."

언제, 어떻게 사용할까요?

★ 아래의 물건을 같은 모양끼리 모아 봅시다.

교과서, 평가 시간에 이렇게 사용해요

길이

"길이를 비교하여
'길다, 짧다'로 표현해 봅시다."

무슨 뜻일까요?

국어 사전에는 이렇게 나와요.

어떤 물건의 한 끝에서 다른 한 끝까지의 거리.

손가락 중에 어떤 손가락이 가장 길까요?
나는 가운데 손가락의 길이가 가장 길어요.
연필의 끝을 똑같이 하고 책상에 세워서 길이를 비교해 볼까요?
이렇듯 '길이'는 한 끝에서 다른 한 끝까지의 거리를 말해요.

음악 시간에도 많이 쓰여요.
→ "음표와 쉼표의 길이를 비교해 봅시다."

언제, 어떻게 사용할까요?

★ 사슴벌레의 길이는 몇 cm인가요?

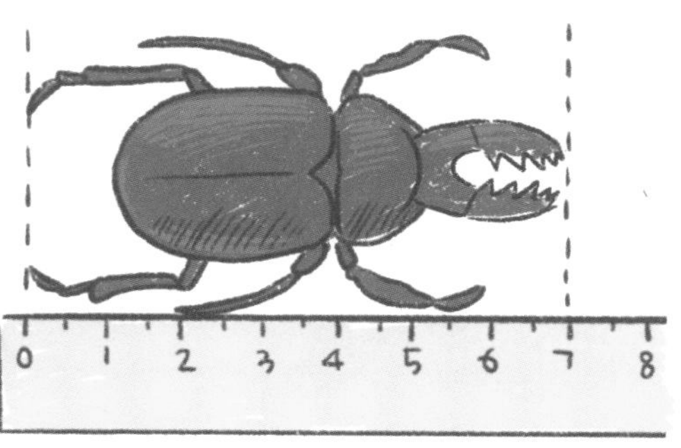

☐ cm

들이

교과서, 평가 시간에 이렇게 사용해요

"들이를 비교하여
'많다, 적다'로 표현해 봅시다."

무슨 뜻일까요?

국어 사전에는 이렇게 나와요.

통이나 그릇 따위의 안에 넣을 수 있는 물건 부피의 최댓값.

수영장에 담을 수 있는 물이 많을까요?
아니면 우리 집 욕조에 담을 수 있는 물이 더 많을까요?
'들이'는 통이나 그릇 안쪽 공간의 크기입니다.

언제, 어떻게 사용할까요?

★ 아래의 정수기 물통, 페트병, 유리잔 중 어느 그릇이 들이가 가장 클까요?
셋 중 물을 가장 많이 담을 수 있는 그릇을 찾아 봅시다.

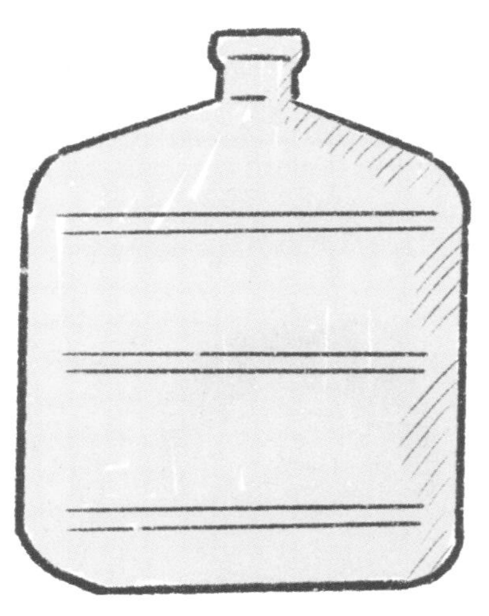

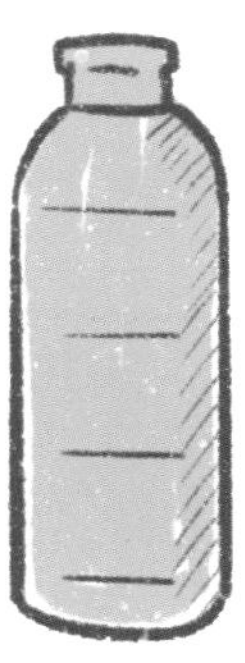

무게

교과서, 평가 시간에 이렇게 사용해요

"무게를 비교하여
'무겁다, 가볍다'로 표현해 봅시다."

무슨 뜻일까요?

국어 사전에는 이렇게 나와요.

어떤 물체의 무거운 정도.

수박을 들었는데 무거워서 힘들었어요.

참외를 들었는데 가벼웠어요.

'무게'는 무겁고 가벼운 정도를 의미하는 말이에요.

언제, 어떻게 사용할까요?

★ 세 학생의 무게를 비교하여 말해 보세요.

(　　　　　　　　　　　　)(이)가 가장 가볍습니다.

(　　　　　　　　　　　　)(이)가 가장 무겁습니다.

넓이

교과서, 평가 시간에 이렇게 사용해요

"넓이를 비교하여
'넓다, 좁다'로 표현해 봅시다."

무슨 뜻일까요?

국어 사전에는 이렇게 나와요.

일정한 평면에 걸쳐 있는 공간이나 범위의 크기.

우물 안 개구리는 좁은 곳에 살고 있어요.
연못으로 나온 개구리는 넓은 곳에 살게 되었죠.
언니 방은 내 방보다 넓어요. 내 방은 언니 방보다 좁아요.
'넓이'는 방바닥의 크기나 돗자리가 펼쳐진 크기 등을 말해요.

언제, 어떻게 사용할까요?

★ 넓이가 더 넓은 꽃밭에 ○표 하세요.

( ) ( )

교과서, 평가 시간에 이렇게 사용해요

시각

"시계가 나타내는 시각을 읽어 봅시다."

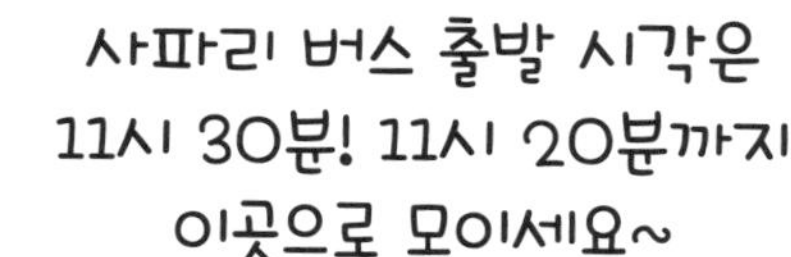

무슨 뜻일까요?

국어 사전에는 이렇게 나와요.

시간의 어느 한 지점.

사파리 버스가 출발했을 때, 도착했을 때처럼
어떤 일이 일어난 때를 정확하게 가리키는 것이 '시각'이에요.

언제, 어떻게 사용할까요?

★ 다음 일기를 읽고 시각을 읽어 봅시다.

날짜 : 1월 28일 목요일
날씨 : 눈이 많이 내려서 기분 좋은 날

제목 : 눈사람아, 녹지 마!

아침에 일어나니 ①  이었다. 얼른 아침을 먹고 동생과 함께 학교 운동장으로 갔다. 운동장에 쌓인 눈이 핫초코 위에 뜬 하얀 우유 거품 같았다. 동생과 같이 눈을 굴려 눈사람을 완성하고 나니 ②  10:30 이 됐다. 같은 반 친구들을 만나 술래잡기를 하다가 ③  에 집으로 돌아왔다

교과서, 평가 시간에 이렇게 사용해요

시간

"1시간이 60분임을 알고 시간을 '몇 시 몇 분'으로 표현해 봅시다."

무슨 뜻일까요?

국어 사전에는 이렇게 나와요.

어떤 시각부터 어떤 시각까지의 사이.

축구경기가 10시에 시작해서 전반전이 10시 45분에 끝났어요.
그러니까 전반전 경기 시간은 45분인 거지요.
이렇게 '시간'은 시작한 시각부터 마친 시각까지 사이를 말해요.
12시부터 1시까지 점심을 먹었다면 점심시간은 1시간이에요.

언제, 어떻게 사용할까요?

★ 연수가 토마토 따기 체험을 하는 데 걸린 시간을 구해 보세요.

☐ 시간

어림하다

교과서, 평가 시간에 이렇게 사용해요

"물건의 길이를
어림하고 재어 봅시다."

무슨 뜻일까요?

국어 사전에는 이렇게 나와요.

대강 짐작으로 헤아리다.

길이를 '어림'하는 것은 자로 직접 재어 보지 않고
자세하지 않게 느낌으로 짐작하는 거예요.
정확하지는 않아도 '얼마쯤 되겠지.' 하고 생각하는 것이랍니다.

언제, 어떻게 사용할까요?

★ 도서관에서 시장까지의 거리는 약 800m입니다. 학교에서 시장까지의 거리를 어림하여 말해 봅시다.

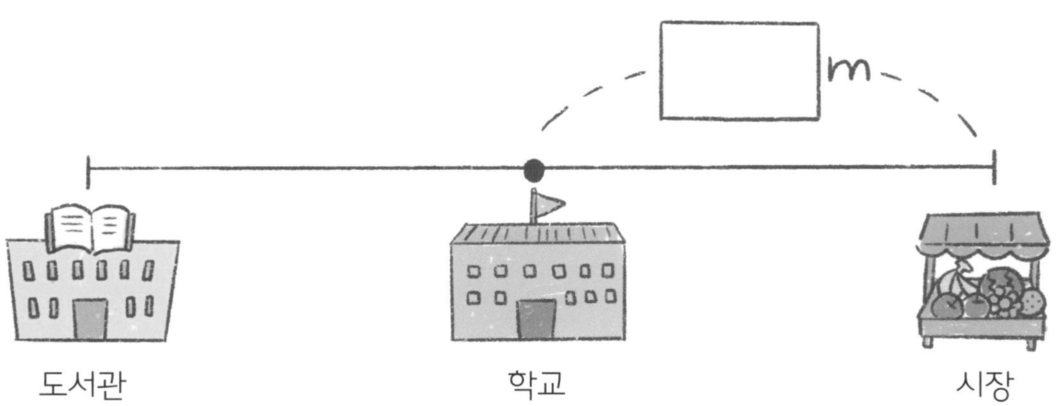

교과서, 평가 시간에 이렇게 사용해요

측정하다

"자로 길이를 측정해 봅시다."

무슨 뜻일까요?

국어 사전에는 이렇게 나와요.

일정한 양을 기준으로 하여 같은 종류의 다른 양의 크기를 재다.

'측정'은 길이, 넓이, 들이, 무게, 시간, 온도 등 어떤 양을 재는 것을 말해요.

즐거운 생활 시간에도 많이 쓰여요.
→ "나의 체력을 측정하는 방법을 알아 봅시다."

언제, 어떻게 사용할까요?

★ 우리 가족의 발의 크기를 측정해 보고, 기록해 봅시다.

가족 이름	발 길이(cm)

단위

교과서, 평가 시간에 이렇게 사용해요

"여러 가지 단위로 길이를 재어 봅시다."

무슨 뜻일까요?

국어 사전에는 이렇게 나와요.

길이, 무게, 수효, 시간 따위의 수량을 수치로 나타낼 때 기초가 되는 일정한 기준.

필통에 들어 있는 자를 꺼내보세요. cm라고 적혀 있지요. 체중계에 올라가 보세요. 몇 kg이라고 적혀 있나요? '단위'는 cm, ml, kg과 같이 길이, 양, 무게 등을 잴 때 일정한 기준이 되어요.

언제, 어떻게 사용할까요?

★ 크레파스의 길이는 엄지손가락 너비 단위로 몇 번입니까?

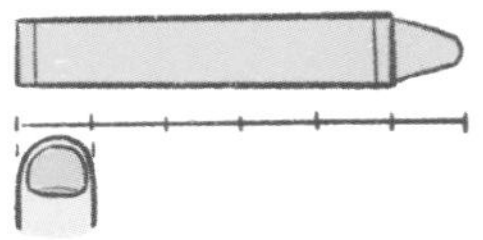

( ) 번

★ 책상의 긴 쪽의 길이는 뼘 단위로 재어 몇 번입니까?

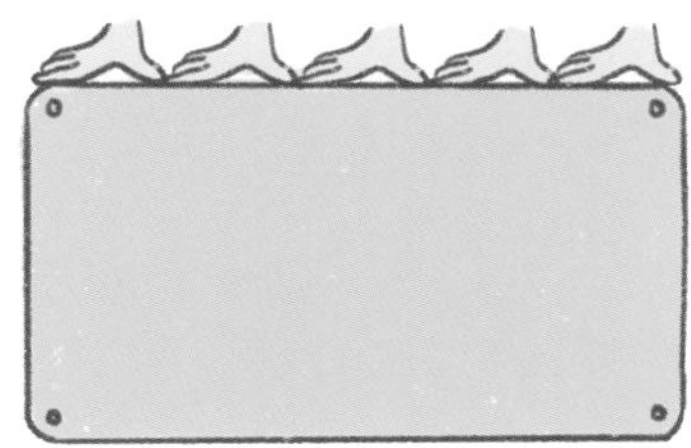

( ) 번

★ 자로 연필의 길이를 재어 봅시다.

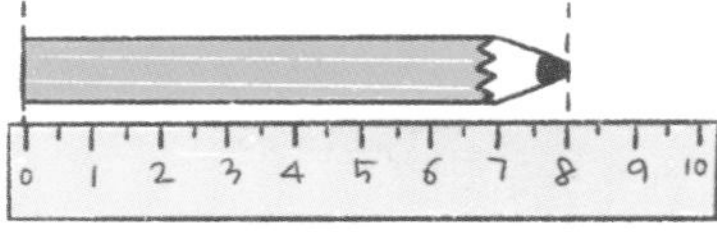

( ) cm

무늬

교과서, 평가 시간에 이렇게 사용해요

"규칙을 만들어
무늬를 꾸며 봅시다."

무슨 뜻일까요?

국어 사전에는 이렇게 나와요.

옷감이나 조각품 따위를 장식하기 위한 여러 가지 모양.

내 운동화에는 별무늬가, 모자에는 하트 무늬가 그려져 있어요. '무늬'는 여러 가지 모양이에요.

즐거운 생활 시간에도 많이 쓰여요.
→ "주변에 있는 여러 가지 물건을 활용하여 무늬를 찍고 꾸며 봅시다."

언제, 어떻게 사용할까요?

★ 보기와 같이 빈칸에 규칙을 만들어 무늬를 꾸미고 규칙을 쓰세요.

보기

◇	☆	◇	☆
☆	◇	☆	◇
◇	☆	◇	☆
☆	◇	☆	◇

규칙: ◇모양과 ☆모양을 번갈아 그렸습니다.

규칙: ______________________

배열

교과서, 평가 시간에 이렇게 사용해요

"수 배열에서
규칙을 찾아봅시다."

1교시
진단평가

무슨 뜻일까요?

국어 사전에는 이렇게 나와요.

일정한 차례나 간격에 따라 벌여 놓음.

줄넘기를 할 때 옆 사람에게 줄이 닿지 않게
한 칸씩 벌려 줄을 서지요?
'배열'은 한 칸씩, 두 칸씩, 세 칸씩, 일정하게 벌여 놓는 거예요.

국어 시간에도 많이 쓰여요.
→ "보기에 나오는 모음자들을 차례대로 배열해 봅시다."

언제, 어떻게 사용할까요?

★ 수 배열을 보고, 규칙을 바르게 말한 사람은 누구인가요?

1 11 21 31 41 51

지유

1부터 시작해서 10씩 커지는 규칙이야.

1과 5가 반복되는 규칙이야.

분류하다

"분류하여 세면
어떤 점이 좋은지 말해 봅시다."

우리 반 학생들이 좋아하는 간식을 조사했어요.

나린 윤수 / 연수 종인 / 다연 정우 / 채영 형주

도영 시윤 / 아진 민석 / 소희 인태 / 수일 승찬

지유 승호 / 가은 인호 / 지현 태선 / 윤희 현성

간식을 종류별로 분류해 보았어요.

햄버거	피자	핫도그	샌드위치	도넛
윤수	나린	민석, 수일	아진, 채영	도영
지유	승호	태선, 종인	형주, 다연	인태
소희	지현	시윤, 윤희	정우, 연수	
인호	현성	가은		
승찬				

무슨 뜻일까요?

국어 사전에는 이렇게 나와요.

종류에 따라서 가르다.

'분류'는 색깔, 모양 등 분명한 기준에 따라 나누는 것이에요.
귀여운 것과 귀엽지 않은 것으로 나누는 것은
정확한 분류 기준이 아니에요.

분류할 때 기준을 어떻게 정해야 할까요?

→ 분명한 기준을 정해서 누가 분류하더라도 같은 결과가 나올 수 있도록 해야 합니다.

→ 많은 친구들이 인정하는 기준을 정해야 합니다.

언제, 어떻게 사용할까요?

★ 분류 기준으로 알맞은 것에 ◯표 하세요.

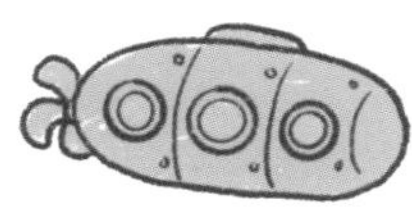

땅에서 다니는 것과 물에서 다니는 것 (   )

멋있는 것과 멋있지 않은 것 (   )

표

교과서, 평가 시간에 이렇게 사용해요

"자료를 보고
표로 나타내 봅시다."

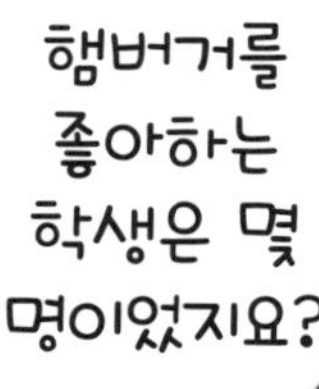

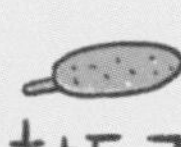

〈우리 반 학생들이 좋아하는 간식별 학생 수〉

간식	햄버거	피자	핫도그	샌드위치	도넛	합계
학생 수(명)	5	4	7	6	2	24

무슨 뜻일까요?

국어 사전에는 이렇게 나와요.

어떤 내용을 일정한 형식과 순서에 따라 보기 쉽게 나타낸 것.

'표'는 조사한 자료를 어떤 기준에 따라 가로, 세로로 나눠진 칸에 정리하여 나타낸 것이에요.

언제, 어떻게 사용할까요?

★ 반 친구들이 가보고 싶은 나라를 조사하였습니다. 표를 완성해 보세요.

여행 가고 싶은 나라 조사하기

중국	그리스	이집트	미국	브라질	호주
중국		이집트	미국	브라질	호주
		이집트	미국		호주
			미국		호주

나라	중국	그리스	이집트	미국	브라질	호주	합계
학생 수(명)							16

그래프

교과서, 평가 시간에 이렇게 사용해요

"자료를 보고
그래프로 나타내 봅시다."

지난 수학 시간에는 우리 반 친구들이 좋아하는 간식별 학생 수를 표로 나타내어 보았지요?

<우리 반 학생들이 좋아하는 간식별 학생 수>

간식	햄버거	피자	핫도그	샌드위치	도너츠	합계
학생 수(명)	5	4	7	6	2	24

우리 반 친구들이 가장 좋아하는 간식은 무엇인가요?

학생 수 / 간식	햄버거	피자	핫도그	샌드위치	도너츠
7			○		
6			○	○	
5	○		○	○	
4	○	○	○	○	
3	○	○	○	○	
2	○	○	○	○	○
1	○	○	○	○	○

그래프로 나타내면 한눈에 알아볼 수 있어요.

무슨 뜻일까요?

국어 사전에는 이렇게 나와요.

여러 가지 자료를 분석하여 그 변화를 한눈에 알아볼 수 있도록 나타내는 직선이나 곡선.

'그래프'는 점, 선, 동그라미 같은 모양 등을 이용하여 자료를 한눈에 보기 쉽게 나타낸 거예요.

언제, 어떻게 사용할까요?

★ 그래프 만드는 순서를 기호로 써 보세요.

내가 한 달 동안 읽은 종류별 책 수

5				
4				
3				
2				
1				
책 수(권) / 종류	위인전	동화책	만화책	동시집

㉠ 가로와 세로를 각각 몇 칸으로 할지 정해 보자.

가로는 4칸, 세로는 5칸으로 하자.

㉡ 마지막으로 그래프에 제목을 쓰자.

㉢ 우선, 가로와 세로에 어떤 것을 쓸지 정하자.

가로에는 책의 종류를 쓰고, 세로에는 읽은 책 수를 쓰자.

㉣ 한 달 동안 읽은 책 수를 ○으로 표시해 보자.

어휘 척척 박사 도전!

♣ 알맞은 것끼리 이어 보세요.

① 길이 •　　•  •　　• 넓다, 좁다

② 들이 •　　•  •　　• 많다, 적다

③ 넓이 •　　• 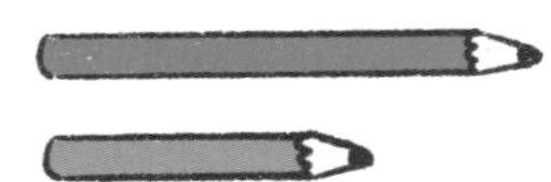 •　　• 길다, 짧다

④ 무게 •　　• 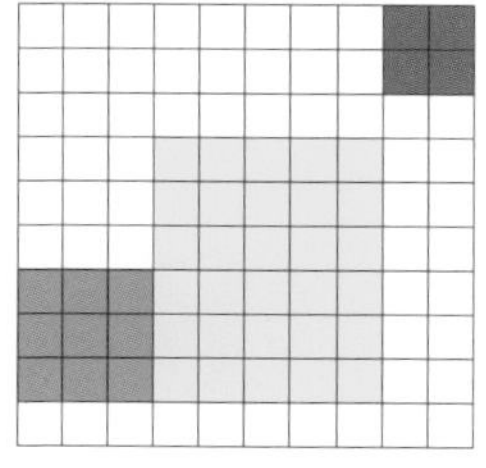 •　　• 무겁다, 가볍다

♣ 규칙을 만들어 타일을 색칠해 보세요.

3부.

통합 교과 필수 어휘

질서

교과서, 평가 시간에 이렇게 사용해요

"질서를 지키는 것이 왜 중요한지 생각해 봅시다."

무슨 뜻일까요?

국어 사전에는 이렇게 나와요.

혼란 없이 순조롭게 이루어지게 하는 사물의 순서나 차례.

복도에서 뛰지 않고 질서를 잘 지켰지요?
줄을 설 때 질서를 잘 지켰나요?
'질서'는 학교나 사회가 바르게 유지되고,
우리가 안전하게 생활할 수 있도록 지켜야 할 순서나 차례랍니다.

언제, 어떻게 사용할까요?

★ 복도를 질서 있게 걷고 있는 친구를 고르고 이유를 말해 봅시다.

차례

교과서, 평가 시간에 이렇게 사용해요

"차례를 지켜야 할 곳을 알고
줄을 서 봅시다."

무슨 뜻일까요?

국어 사전에는 이렇게 나와요.

순서 있게 구분하여 벌여 나가는 관계.
또는 그 구분에 따라 각각에게 돌아오는 기회.

급식실에서 차례대로 줄을 서세요. 버스에 차례차례 오르세요.
이렇게 '차례'는 순서 있게 규칙대로 세우는 것을 말해요.
"드디어 내 차례가 되었어."라고 말하죠?
차례는 순서에 따라 내가 할 기회가 되었다는 뜻이에요.

국어 시간에도 많이 쓰여요.
→ "이야기를 읽고 일이 일어난 차례대로 이야기의 내용을 말해 봅시다."

언제, 어떻게 사용할까요?

★ 차례대로 줄을 선 친구는 ○표, 그렇지 않은 친구는 ×표 하세요.

정류장에 버스가 와서 앞 사람을 따라 천천히 탔어요. |

에스컬레이터에서 손잡이를 잡지 않고 서 있었어요. |

영화관에서 한 줄로 줄을 서서 입장했어요. |

규칙

교과서, 평가 시간에 이렇게 사용해요

"규칙을 잘 지키는 친구를 칭찬해 봅시다."

무슨 뜻일까요?

국어 사전에는 이렇게 나와요.

여러 사람이 다 같이 지키기로 작정한 법칙. 또는 제정된 질서.

학교는 여러 친구와 함께 생활하는 곳이므로,
학교생활에 필요한 규칙이 있어요.
'규칙'은 여러 사람이 다 같이 지키기로 약속한 것이지요.

수학 시간에도 많이 쓰여요.
→ "무늬에서 규칙을 찾고 설명해 봅시다."

언제, 어떻게 사용할까요?

★ 나는 학교에서 지켜야 할 규칙을 잘 지키고 있나요? 잘 지킨 것은 😊에, 더 노력해야 할 것은 😥에 ○표를 하세요.

학교에서 지켜야 할 규칙	😊 잘 지켰어요	😥 잘 못 지켰어요
수업 시간에 선생님 말씀을 잘 들었어요.	😊	😥
복도에서 사뿐사뿐 걸었어요.	😊	😥
음식을 골고루 잘 먹었어요.	😊	😥
친구와 사이좋게 지냈어요.	😊	😥

교과서, 평가 시간에 이렇게 사용해요

약속

"학교에서 규칙과 약속을 잘 지킬 것을 다짐해 봅시다."

무슨 뜻일까요?

국어 사전에는 이렇게 나와요.

다른 사람과 앞으로의 일을 어떻게 할 것인가를 미리 정하여 둠.
또는 그렇게 정한 내용.

'약속'은 다른 사람과 어떤 일을 정해두고
어기지 않기로 하는 다짐이에요.
약속하기 전에는, 내가 지킬 수 있는 약속인지 잘 생각해야 해요.
약속한 걸 꼭 지켜야 믿음직스러운 사람이 될 수 있답니다.

언제, 어떻게 사용할까요?

★ 노래를 불러 보고 약속을 잘 지키기로 다짐해 봅시다.

꼭꼭 약속해

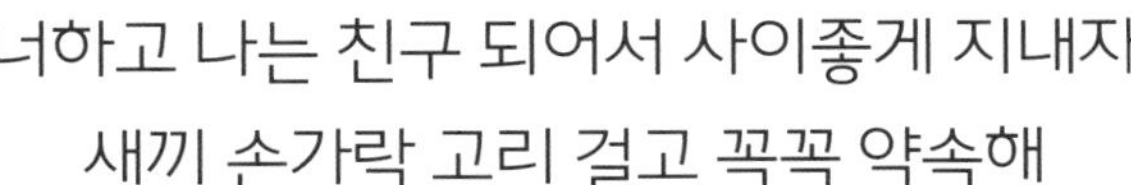

너하고 나는 친구 되어서 사이좋게 지내자
새끼 손가락 고리 걸고 꼭꼭 약속해

싸움하면은 친구 안 해요 사이좋게 지내자
새끼손가락 고리 걸고 꼭꼭 약속해

맛있는 것은 나눠 먹으며 서로 돕고 지내자
새끼손가락 고리 걸고 꼭꼭 약속해

교과서, 평가 시간에 이렇게 사용해요

정리하다

"책상 위의 물건을
스스로 정리해 봅시다."

무슨 뜻일까요?

국어 사전에는 이렇게 나와요.

흐트러지거나 혼란스러운 상태에 있는 것을 한데 모으거나 치워서 질서 있는 상태가 되게 하다.

책상을 정리하면 공부하기 전에 마음의 준비를 할 수 있어요.
방 정리를 스스로 할 수 있나요?
방 정리는 물건을 제자리에 놓고 깨끗하게 치우는 것이지요.
'정리'는 이렇게 물건을 가지런히 놓는 거예요.

언제, 어떻게 사용할까요?

★ 정리를 바르게 한 친구는 ○표, 그렇지 않은 친구는 ×표 하세요.

집에 들어와서 겉옷을 벗어
옷장에 걸어 두었어요.

교실에서 겨울 점퍼가 길고 무거워서
바닥에 펼쳐 두었어요.

집에 들어와서 나갈 때
신기 좋게 신발을 돌려 놓았어요.

기구

교과서, 평가 시간에 이렇게 사용해요

"운동장과 주변의 기구를 둘러봅시다."

무슨 뜻일까요?

국어 사전에는 이렇게 나와요.

세간, 도구, 기계 따위를 통틀어 이르는 말.

체육관에는 어떤 기구가 있을까요?
아령, 줄넘기, 매트, 공 등이 있어요.
'기구'는 간단하게 다룰 수 있는 물건, 도구, 기계 등을 말해요.

언제, 어떻게 사용할까요?

★ 학교에 있는 놀이 기구의 이름을 찾아 연결해 봅시다.

① 철봉 • • ㉠

② 늑목 • • ㉡

③ 정글짐 • • ㉢

④ 구름사다리 • • ㉣

기억하다

교과서, 평가 시간에 이렇게 사용해요

"학교에서 가 보았던 곳 가운데 가장 기억에 남는 곳을 그려 봅시다."

무슨 뜻일까요?

국어 사전에는 이렇게 나와요.

이전의 인상이나 경험을 의식 속에 간직하거나 도로 생각해 내다.

자전거를 처음 탔을 때가 기억나나요?
지난여름에 놀러 갔던 바다의 모습은요?
이렇게 어떤 일을 잊지 않고 머릿속에 새겨 두거나
다시 생각해 내는 것을 '기억'이라고 해요.

국어 시간에도 많이 쓰여요.
→ "기억에 남는 시나 이야기의 제목을 떠올려 봅시다."

언제, 어떻게 사용할까요?

★ 주말에 있었던 일을 기억해 봅시다. 기억을 떠올려 짝과 함께 이야기를 나누어 보세요.

나는 가족들과 함께 캠핑을 다녀왔어.
고기도 구워 먹고, 물놀이도 하고
엄청 즐거웠어.

나는 주말에 외할머니댁에 다녀왔어.
이모랑 사촌 동생도 만나서
정말 반갑고 재미있었어.

예절

교과서, 평가 시간에 이렇게 사용해요

"가족이나 친척 사이에 지켜야 할 예절에 대해 알아봅시다."

무슨 뜻일까요?

국어 사전에는 이렇게 나와요.

예의에 관한 모든 절차나 질서.

부모님이 퇴근하고 집에 오시면 현관에 나가서 인사를 해요.
학교에서 선생님을 만나면 예의 바르게 인사를 해요.
'예절'은 더불어 잘 살기 위해 사람이 마땅히 지켜야 할 행동이에요.

언제, 어떻게 사용할까요?

★ 그림을 보고 예절 바른 행동을 어떻게 할지 이야기해 보세요.

절약하다

교과서, 평가 시간에 이렇게 사용해요

"에너지를 절약할 수 있는 방법을 알아봅시다."

무슨 뜻일까요?

국어 사전에는 이렇게 나와요.

함부로 쓰지 아니하고 꼭 필요한 데에만 써서 아끼다.

아나바다 운동에 대해 들어 보았나요?
'아'껴 쓰고, '나'눠 쓰고, '바'꿔 쓰고, '다'시 쓰자는 운동이에요.
절약하면 환경이 깨끗해지고 돈도 아낄 수 있어요.
'절약'은 낭비하지 않고 아껴 쓰는 것을 말해요.

언제, 어떻게 사용할까요?

★ 평소에 나는 에너지를 절약하고 있나요? 잘 지킨 것은 (웃는 얼굴)에, 더 노력해야 할 것은 (우는 얼굴)에 ○표를 하세요.

에너지 절약 실천 내용	잘 지켰어요	잘 못 지켰어요
낮에는 전등을 꺼요.		
컵에 물을 받아 양치질해요.		
음식을 남기거나 버리지 않아요.		
텔레비전이나 컴퓨터를 안 볼 때는 꺼요.		

마을

교과서, 평가 시간에 이렇게 사용해요

"우리 마을의 모습을
그려 봅시다."

무슨 뜻일까요?

국어 사전에는 이렇게 나와요.

주로 시골에서, 여러 집이 모여 사는 곳.

농촌 마을은 농사를 주로 짓는 사람들끼리 모여 살아요.
어촌 마을은 바다에서 물고기를 잡는 사람끼리 모여 살아요.
산촌 마을에서는 버섯도 키우고, 우유와 치즈를 만드는 목장도 있지요.
'마을'은 여러 집이 모여 사는 동네입니다.

언제, 어떻게 사용할까요?

★ 우리 마을 지도를 그려 보고 바퀴 달린 이동 수단을 타기에 안전한 곳과 위험한 곳을 표시해 봅시다.

이웃

교과서, 평가 시간에 이렇게 사용해요

"이웃과 함께 했던 경험을
그림으로 표현해 봅시다."

무슨 뜻일까요?

국어 사전에는 이렇게 나와요.

가까이 사는 집. 또는 그런 사람.

'이웃'은 우리 집 앞집, 윗집, 아랫집 등 가까이 사는 집이에요.
엘리베이터에서 이웃 어른들을 만나면 인사를 합니다.
놀이터에서 이웃 친구들을 만날 수 있지요.
이웃은 우리 집 가까이 살며 서로 도움을 주고받아요.

언제, 어떻게 사용할까요?

★ 이웃을 만났을 때 알맞은 인사말이 무엇인지 생각해 봅시다.

공공 장소

교과서, 평가 시간에 이렇게 사용해요

"공공장소를 어떻게 이용해야 하는지 알아봅시다."

무슨 뜻일까요?

국어 사전에는 이렇게 나와요.

사회의 여러 사람 또는 여러 단체에 공동으로 속하거나 이용되는 곳.

공공장소에는 도서관, 영화관, 놀이터 등이 있어요.
버스, 지하철, 기차처럼 함께 타는 이동 수단 시설도 공공장소지요.
'공공장소'는 여러 사람이 함께 쓰는 장소를 말합니다.

언제, 어떻게 사용할까요?

★ 공공장소에서 지켜야 할 일을 연결해 보세요.

①  • • ㉠ 돌아다니면서 음식을 먹지 않아요.

②  • • ㉡ 핸드폰을 진동이나 무음으로 해 놓아요.

③  • • ㉢ 나무와 꽃이 잘 자랄 수 있게 보호해요.

④  • • ㉣ 카트에 올라서지 않아요.

관찰

교과서, 평가 시간에 이렇게 사용해요

"가을 열매를
관찰해 봅시다."

무슨 뜻일까요?

국어 사전에는 이렇게 나와요.

사물이나 현상을 주의하여 자세히 살펴봄.

팔랑팔랑 나비를 자세히 본 적 있나요?
학교 화단에 있는 노란 국화를 자세히 살펴보아요.
망원경으로 달 표면을 가까이 들여다볼 수 있어요.
'관찰'은 자세히 살펴보는 거예요.

언제, 어떻게 사용할까요?

★ 잠자리의 모습을 자세히 관찰하고 오른쪽 부분을 완성해 보세요.

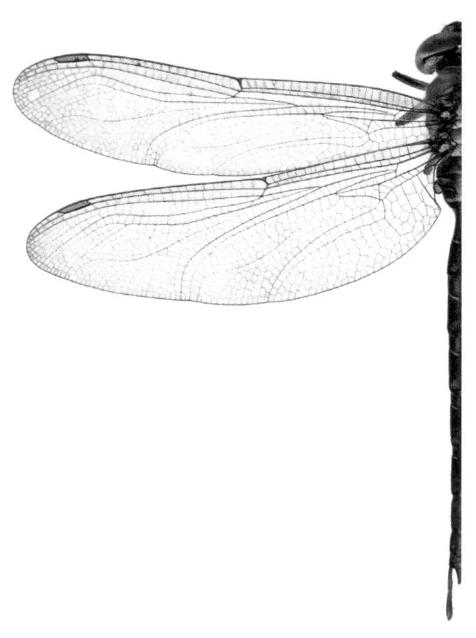

조사하다

교과서, 평가 시간에 이렇게 사용해요

"추석 때 먹는 음식에 대해 조사해 봅시다."

무슨 뜻일까요?

국어 사전에는 이렇게 나와요.

사물의 내용을 명확히 알기 위하여 자세히 살펴보거나 찾아보다.

우리 반 친구들은 무슨 음식을 좋아할까요? 지구에서 가장 큰 동물은?
궁금한 점이 생기면 선생님께 질문하기도 하고
인터넷을 검색하거나 도서관에서 책이나 사전을 찾아보기도 하지요.
'조사'는 어떤 것을 자세히 살펴보거나 찾아보는 행동이에요.

국어 시간, 수학 시간에도 많이 쓰여요.
→ "조사한 내용을 친구들 앞에서 발표해 봅시다."
→ "자료를 조사하여 표로 나타내어 봅시다."

언제, 어떻게 사용할까요?

★ 우리 가족들이 좋아하는 음식을 조사해 봅시다.

가족 이름	좋아하는 음식

추수하다

교과서, 평가 시간에 이렇게 사용해요

"가을에 추수하는 분들을 살펴봅시다."

무슨 뜻일까요?

국어 사전에는 이렇게 나와요.

가을에 익은 곡식을 거두어들이다.

가을이 되면 잘 익은 감, 대추, 사과, 배 등을 땁니다.
가을이 되면 벼가 익어서 벼 베기를 해요.
'추수'는 가을걷이랑 같은 말이에요.
가을에 익은 곡식을 거두어들이는 것을 말합니다.

언제, 어떻게 사용할까요?

★ 추수하는 모습을 색칠하여 완성해 봅시다.

상징

교과서, 평가 시간에 이렇게 사용해요

"우리나라의 상징을
여러 가지 방법으로 표현해 봅시다."

무슨 뜻일까요?

국어 사전에는 이렇게 나와요.

추상적인 개념이나 사물을 구체적인 사물로 나타냄.
또는 그렇게 나타낸 표지, 기호, 물건 따위.

우리나라를 상징하는 것은 무엇이 있을까요?
태극기, 애국가, 무궁화, 한복 등이 있지요.
'상징'은 눈에 보이지 않고 말로 표현하기 힘든 것을
보이는 것으로 나타내어 머릿속에 쉽게 떠오르게 해요.

언제, 어떻게 사용할까요?

★ 우리 학교를 상징하는 것들에 대해 알아봅시다.

교목

학교를 나타내는
나무

교화

학교를 나타내는
꽃

교가

학교를 나타내는
노래

장식하다

교과서, 평가 시간에 이렇게 사용해요

"투명 우산으로 모빌을 만들어 교실을 장식해 봅시다."

무슨 뜻일까요?

국어 사전에는 이렇게 나와요.

액세서리 따위로 치장하다.

클레이로 도자기를 잘 만들었네요.
무늬를 넣어 장식을 더해 보면 어떨까요?
엄마는 오늘 친척 결혼식장에 가시나 봐요.
예쁜 옷을 입고 목걸이로 장식을 하셨어요.
이렇게 '장식'은 물건이나 사람 등을 꾸미는 것을 말해요.

언제, 어떻게 사용할까요?

★ 눈사람을 멋지게 장식해 봅시다.

교과서, 평가 시간에 이렇게 사용해요

균형

"여러 가지 방법으로 팽이처럼 균형을 잡아 봅시다."

무슨 뜻일까요?

국어 사전에는 이렇게 나와요.

어느 한쪽으로 기울거나 치우치지 아니하고 고른 상태.

한 발을 들고 서서 균형을 잡아 볼까요?

왼쪽으로 흔들흔들, 오른쪽으로 흔들흔들.

균형 잡기가 쉽지 않지요?

'균형'은 어느 한쪽으로 기울거나 치우치지 않는 고른 상태예요.

언제, 어떻게 사용할까요?

★ 그림처럼 친구들과 함께 균형 잡기 이어달리기를 해 봅시다.

전통

교과서, 평가 시간에 이렇게 사용해요

"우리나라의 전통 음식을
소개해 봅시다."

무슨 뜻일까요?

국어 사전에는 이렇게 나와요.

어떤 집단이나 공동체에서, 지난 시대에 이미 이루어져 계통을 이루며 전하여 내려오는 사상·관습·행동 따위의 양식.

우리나라 전통 음식에는 떡, 한과, 식혜 등이 있어요.
우리나라 전통 놀이에는 팽이치기, 윷놀이, 비석치기 등이 있어요.
'전통'은 옛날부터 전해져 내려오는 것들을 말해요.

언제, 어떻게 사용할까요?

★ 우리나라 전통 음식을 서로 짝지어 보세요.

①

②

③

④

㉠ 식혜 ㉡ 약과 ㉢ 수정과 ㉣ 송편

작품

교과서, 평가 시간에 이렇게 사용해요

"친구들의 작품을 보고
잘한 점을 칭찬해 봅시다."

무슨 뜻일까요?

국어 사전에는 이렇게 나와요.

예술 창작 활동으로 얻어지는 제작물.

미술 시간에 그림을 그렸어요. 멋진 미술 작품을 완성했네요!
블록으로 커다란 건물을 조립했어요. 멋진 블록 작품이 만들어졌답니다.
'작품'은 예술 창작 활동으로 얻어지는 결과물을 말해요.

언제, 어떻게 사용할까요?

★ 친구들과 협동 작품을 만들어 보았어요. 그림을 완성해 보세요.

어휘 척척 박사 도전!

♣ 다음 십자말풀이를 해 보세요.

①❶				②		
				❷		
	③	❸				
				④		
						❹

가로 단어

① 세간, 도구, 기계 따위를 통틀어 이르는 말.
운동장에서 볼 수 있는 놀이□□는 그네, 시소, 미끄럼틀이 있어요.

② 사물이나 현상을 주의하여 자세히 살펴보는 행동.
씨앗을 심고, 하루에 얼마나 키가 자라는지, 잎의 모양은 어떻게 생겼는지 □□해 봐요.

③ 예의에 관한 모든 절차나 질서.
□□ 바른 어린이는 웃어른을 만나면 공손히 인사를 잘하지요.

④ 액세서리 따위로 치장함. 또는 그 꾸밈새.
학예회 때 우리 반을 예쁘게 □□하려고 풍선과 색도화지를 준비했어요.

세로 단어

❶ 이전의 인상이나 경험을 의식 속에 간직하거나 도로 생각해 냄.
“내가 휴대전화를 어디에 두었는지 □□이 안 나네! 아휴~”

❷ 사회의 여러 사람 또는 여러 단체에 공동으로 속하거나 이용되는 곳.
도서관, 박물관, 공원은 여러 사람이 함께 이용하는 □□□□입니다.

❸ 함부로 쓰지 아니하고 꼭 필요한 데에만 써서 아낌.
우리나라는 물 부족 국가입니다. 물을 □□해야겠죠?

❹ 가을에 익은 곡식을 거두어들임.
노랗게 익은 벼를 □□하는 모습을 본 적이 있나요?

4부.

창의적 체험 활동 필수 어휘

역할

교과서, 평가 시간에 이렇게 사용해요

"내가 맡은 역할에 대해 알아보고 실천해 봅시다."

학급자치활동

<학급회의>
우리 반 1인1역할 정하기
칠판 닦기 (   )
바닥 걸레질 (   )
먼지 털기 (   )
바닥 쓸기 (   )
⋮

하고 싶은 역할에 이름을 쓰고, 희망자가 많으면 가위바위보로 정해요.

무슨 뜻일까요?

국어 사전에는 이렇게 나와요.

자기가 마땅히 하여야 할 맡은 바 직책이나 임무.

아빠는 요리와 설거지를, 엄마는 빨래와 청소를 맡았어요.
나는 쓰레기 분리수거를 맡았어요.
우리 가족은 모두 역할 분담이 잘 되어 있어요.
'역할'은 내가 맡아서 하는 일이에요.
자신의 역할을 책임감 있게 잘 해내야겠지요?

언제, 어떻게 사용할까요?

★ 우리 학급의 '1인 1역할' 표를 보고 무슨 일을 하는지 알아봅시다.

1인 1역할 분담표

역할			역할		
우유 나르기	병현	민우	학급 문고 정리하기	연정	지수
칠판 지우기	선희	수진	청소기 돌리기	인준	병철
쓰레기통 정리하기	창민	성주	쓰레기 줍기	서연	은선
준비물 정리하기	민수	진호	책상 닦기	민정	영주
책상 줄 맞추기	준서	도훈	창문 열기	지운	소명

입학

교과서, 평가 시간에 이렇게 사용해요

"입학식에서 있었던 경험을 이야기해 봅시다."

의식행사활동

무슨 뜻일까요?

국어 사전에는 이렇게 나와요.

학생이 되어 공부하기 위해 학교에 들어감. 또는 학교를 들어감.

초등학교에 입학할 준비를 하고 있지요?
'입학'은 학교에 들어가는 것을 말해요.
초등학교에 입학하면 우리들은 1학년 초등학생이 되는 거예요.

언제, 어떻게 사용할까요?

★ 입학식에 메고 갈 책가방을 준비해 봅시다. 가방 안에 들어갈 알맞은 물건에 ○표 하세요.

교과서, 평가 시간에 이렇게 사용해요

졸업

"졸업의 의미를 알고
졸업식 노래를 불러 봅시다."

의식행사활동

무슨 뜻일까요?

국어 사전에는 이렇게 나와요.

학생이 규정에 따라 소정의 교과 과정을 마침.

유치원 졸업식을 했던 경험을 떠올려 보세요.
초등학교 6년의 과정을 다 마치면 졸업을 해요.
초등학교를 졸업하면 중학생이 되지요.
'졸업'은 학교 공부를 다 마치고 나오는 것을 말해요.

언제, 어떻게 사용할까요?

★ 졸업식 행사에 참석해 본 경험이 있나요? 졸업식에 참석했던 경험을 떠올리며 꽃다발을 예쁘게 색칠해 봅시다.

배려

교과서, 평가 시간에 이렇게 사용해요

"배려의 의미를 알고
일상생활 속에서 배려하는 삶을
실천해 봅시다."

인성교육

무슨 뜻일까요?

국어 사전에는 이렇게 나와요.

도와주거나 보살펴 주려고 마음을 씀.

가족은 서로 도와주고, 보살펴 줘요.
반 친구가 울고 있으면 걱정되고 달래주고 싶지요.
'배려'는 다른 사람을 마음으로 생각해 주고 보살펴 주는 거예요.

바른생활 시간에도 많이 쓰여요.
→ "어려움을 겪고 있는 친구를 이해하고 배려하는 마음을 길러 봅시다."

언제, 어떻게 사용할까요?

★ 교통 약자 배려석 표지판을 보고, 누구를 위한 자리인지 알아봅시다.

교통 약자 배려석

진심

교과서, 평가 시간에 이렇게 사용해요

"어려운 이웃을 위하여
진심 어린 사랑을 베푼
인물에 대해 알아봅시다."

학교폭력예방교육

무슨 뜻일까요?

국어 사전에는 이렇게 나와요.

거짓이 없는 참된 마음.

진심 어린 사랑을 주고받으면 세상은 따뜻해질 거예요.
다른 사람에게 상처를 주거나 피해를 주었을 때,
진심 어린 사과를 하면 상대방의 상처가 아물 수 있어요.
'진심'은 거짓이 없는 참된 마음이에요.

언제, 어떻게 사용할까요?

★ 진심으로 행복한 학급이 되기 위해 '친구 사랑 포스터'를 만들어 봅시다.

교과서, 평가 시간에 이렇게 사용해요

평화

"평화로운 가정을 만들기 위해 가족 구성원이 노력해야 할 점을 이야기해 봅시다."

가정폭력예방교육

무슨 뜻일까요?

국어 사전에는 이렇게 나와요.

평온하고 화목함.

전쟁, 분쟁 또는 일체의 갈등이 없이 평온함. 또는 그런 상태.

친구와 다투면 마음이 불편하지요.

엄마, 아빠가 싸우면 내 마음이 불안해요.

'평화'는 다툼이나 전쟁이 없는 마음이 편한 상태랍니다.

언제, 어떻게 사용할까요?

★ 우리나라가 통일이 되면 지구촌 평화에 기여할 수 있어요. 다음 내용을 읽고 맞으면 ○표, 그렇지 않으면 ×표 하세요.

평화 통일의 좋은 점을 지구촌에 알릴 수 있어요.

남과 북이 전쟁할 가능성이 높아져서 불안해요.

전쟁을 준비해야 하니까 어려운 나라를 도와줄 수가 없어요.

통일

교과서, 평가 시간에 이렇게 사용해요

"통일이 되면 가보고 싶은 곳에 대해 이야기해 봅시다."

독도교육

무슨 뜻일까요?

국어 사전에는 이렇게 나와요.

나누어진 것들을 합쳐서 하나의 조직 · 체계 아래로 모이게 함.

남북통일은 분단된 남한과 북한이 하나로 합쳐지는 것이지요.
'통일'은 나누어진 것들을 합쳐서 하나로 모이는 것을 말해요.

언제, 어떻게 사용할까요?

★ 통일이 되면 하고 싶은 일을 생각하며 아래 빈칸에 들어갈 단어를 맞혀 보세요.

① 남한과 북한은 세종 대왕이 만든 ㅎ ㄱ을 사용해요.

② 남한과 북한 모두 ㄱ ㅊ를 먹어요.

③ 남한과 북한은 우리나라 전통 옷 ㅎ ㅂ을 입어요

수호하다

교과서, 평가 시간에 이렇게 사용해요

"독도를 수호하기 위해
내가 할 수 있는 일에 대해
생각해 봅시다."

통일교육

무슨 뜻일까요?

국어 사전에는 이렇게 나와요.

지키고 보호하다.

독도 수호는 독도를 내 것처럼 소중하게 여기는 거예요.
이렇듯 '수호'는 위험하지 않도록 잘 보살피고 지켜주는 것을 말해요.

언제, 어떻게 사용할까요?

★ 독도를 수호하려는 마음을 담아, 아래 지도에서 독도의 위치를 확인해 봅시다.

동아리

교과서, 평가 시간에 이렇게 사용해요

"부서를 선택하여
동아리 활동을 해 봅시다."

동아리활동

무슨 뜻일까요?

국어 사전에는 이렇게 나와요.

같은 뜻을 가지고 모여서 한패를 이룬 무리.

동아리 부서에는 축구부, 야구부, 태권도부처럼 운동부가 있어요.
또 영화 감상부, 독서부, 글쓰기부, 만화부도 재미있지요.
과학 탐구부, 요리부와 같이 실험이나 실습을 하는 동아리도 있어요.
이처럼 '동아리'는 같은 활동을 하는 모임입니다.

언제, 어떻게 사용할까요?

★ 내가 하고 싶은 동아리 활동을 생각해 보고 알맞게 연결해 봅시다.

① 수예부 •　　　　• ㉠

② 씨름부 •　　　　• ㉡

③ 방송부 •　　　　• ㉢

④ 바둑부 •　　　　• ㉣

협동

교과서, 평가 시간에 이렇게 사용해요

"생활 속에서 협동을
꾸준히 실천해 봅시다."

동아리활동

무슨 뜻일까요?

국어 사전에는 이렇게 나와요.

서로 마음과 힘을 하나로 합함.

'백지장도 맞들면 낫다.'라는 속담을 들어 보았나요?
아무리 쉬운 일이라도 서로 도우면 훨씬 더 쉽다는 뜻이에요.
교실 청소를 할 때 반 친구들이 모두 힘을 합하면
쉽고 빠르게 할 수 있어요.
'협동'은 서로 마음과 힘을 하나로 합하는 것이지요.

언제, 어떻게 사용할까요?

★ 여럿이 함께 힘을 모아 협동해야 하는 일로 알맞은 것을 고르세요.

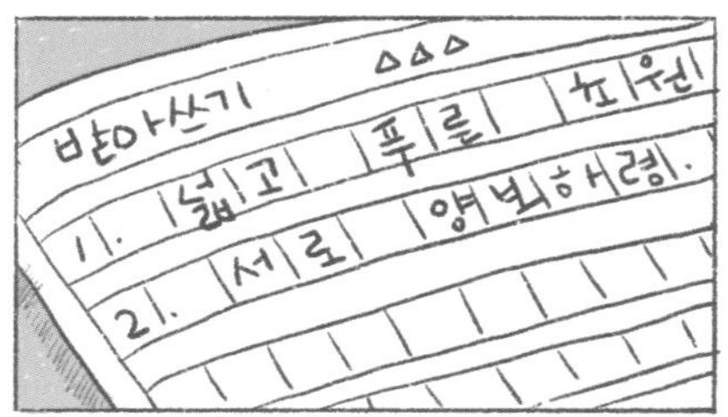

① 받아쓰기

② 줄다리기

③ 피아노 치기

④ 세수하기

봉사

교과서, 평가 시간에 이렇게 사용해요

"우리가 실천할 수 있는 나눔과 봉사에 대해 생각해 봅시다."

봉사활동

무슨 뜻일까요?

국어 사전에는 이렇게 나와요.

국가나 사회 또는 남을 위하여 자신을 돌보지 아니하고 힘을 바쳐 애씀.

슈바이처는 아프리카에서 의료 봉사 활동을 했어요.
나이팅게일은 전쟁터에서 환자들을 간호하며 봉사하는 삶을 살았지요.
'봉사'는 나보다 남을 위해 일하는 것이에요.

언제, 어떻게 사용할까요?

★ 봉사 활동을 했던 경험을 떠올리며 봉사 활동의 뜻과 관련 있는 낱말을 써 봅시다.

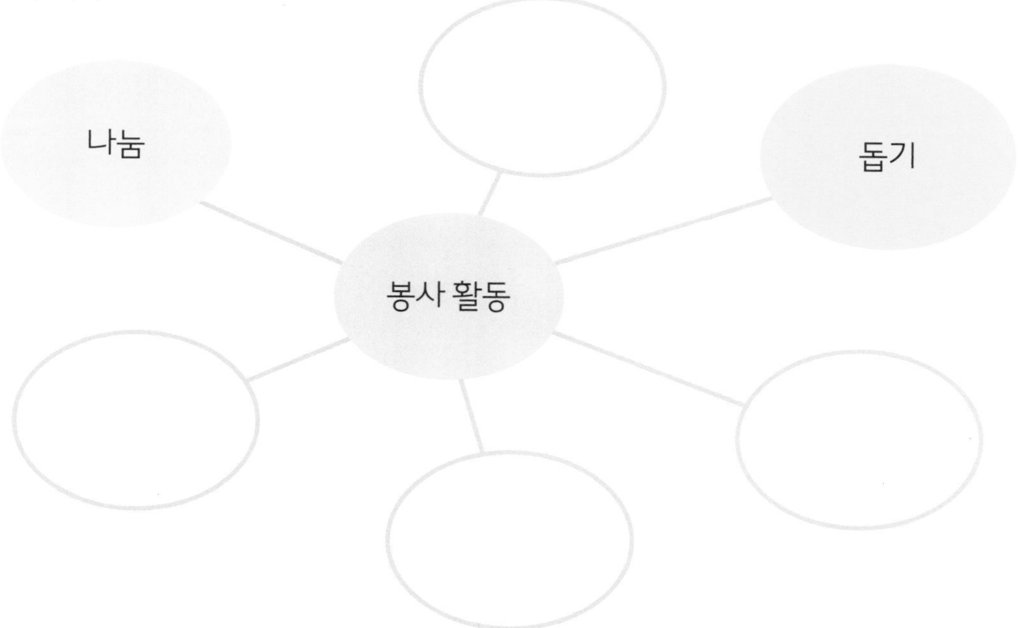

교과서, 평가 시간에 이렇게 사용해요

정화하다

"학교 주변의 모습을 관찰하고 환경 정화 봉사 활동에 참여해 봅시다."

환경정화활동

무슨 뜻일까요?

국어 사전에는 이렇게 나와요.

불순하거나 더러운 것을 깨끗하게 하다.

정수기를 사용하면 오염된 물도 깨끗하게 정화되어 나오지요?
공기청정기를 틀면 집안 공기가 정화되어 숨쉬기가 좋아요.
'정화'는 물이나 공기 등을 깨끗하게 하는 거예요.

언제, 어떻게 사용할까요?

★ 우리 교실과 집에서 키우기 쉬운 공기 정화 식물에 대해 알아봅시다.

산세베리아 　 고무나무 　 스파티필름

진로

교과서, 평가 시간에 이렇게 사용해요

"나의 꿈에 알맞은 진로를
꿈 기록지에 적어 봅시다."

진로교육

무슨 뜻일까요?

국어 사전에는 이렇게 나와요.

개인의 생애 직업 발달과 그 과정 내용을 가리키는 포괄적인 용어.

진로교육 시간은 나의 꿈과 희망에 알맞은 직업을 선택하도록 도와줘요.
'진로'를 정할 때는 내가 좋아하는 일, 내가 잘하는 일,
내가 하고 싶은 일을 깊이 생각해 보아야 합니다.
나의 꿈(장래 희망, 직업)에 대해 자세히 탐색하는 시간이 필요해요.

언제, 어떻게 사용할까요?

★ 나의 진로에 대해 생각해 보고, 20년 후 나의 모습을 그려 봅시다.

나의 장래 희망은 ______________________ 입니다.

탐색하다

교과서, 평가 시간에 이렇게 사용해요

"다양한 직업을 **탐색**해 보고
내 꿈을 이야기해 봅시다."

꿈끼탐색교육

탐색한 내용을
발표해 볼까요?

제 꿈인
한의사에 대해
탐색해 보았어요.

무슨 뜻일까요?

국어 사전에는 이렇게 나와요.

드러나지 않은 사물이나 현상 따위를 찾아내거나 밝히기 위하여 살피어 찾다.

진로 탐색은 나에게 흥미 있는 직업에 대해 조사하고 알아보는 것을 말해요. 의사에 대해 탐색하려면 책이나 인터넷에서 탐색할 수도 있고, 직접 의사 선생님을 만나 궁금한 점을 질문할 수 있지요. '탐색'은 잘 알려지지 않은 것들에 대해 자세히 조사하는 거예요.

언제, 어떻게 사용할까요?

★ 다음 그림의 물건과 관련 있는 직업을 찾아보고, 직업 정보 탐색이 중요한 이유를 이야기해 봅시다.

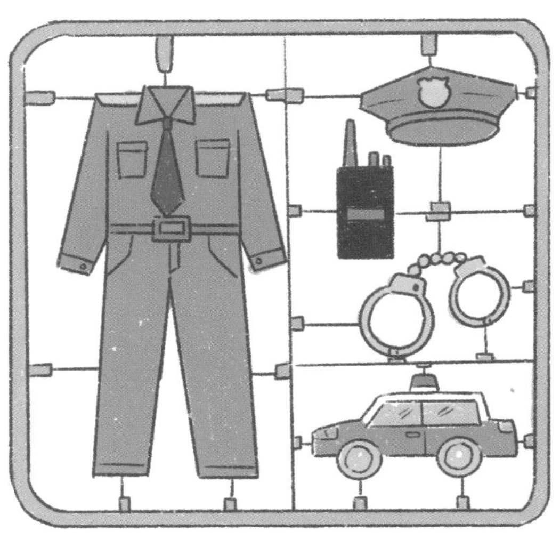

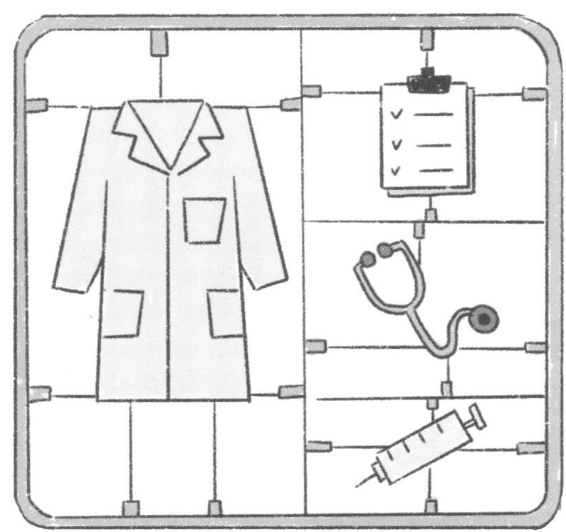

( ) ( )

교과서, 평가 시간에 이렇게 사용해요

생존

"재난을 대비하여 생존 배낭을 꾸리는 방법을 알아봅시다."

생존수영교육

무슨 뜻일까요?

국어 사전에는 이렇게 나와요.

살아 있음. 또는 살아남음.

동물들은 보호색으로 천적으로부터 자신의 몸을 지킵니다.
카멜레온은 생존을 위해 주변 환경의 색으로 변합니다.
나방도 나무껍질과 비슷한 색으로 몸을 보호해요.
'생존'은 살아남는 것, 살아 있음을 의미해요.

언제, 어떻게 사용할까요?

★ 동물들은 생존하기 위해 보호색으로 자신의 몸을 지킵니다. 다음 동물들을 보호색으로 색칠해 봅시다.

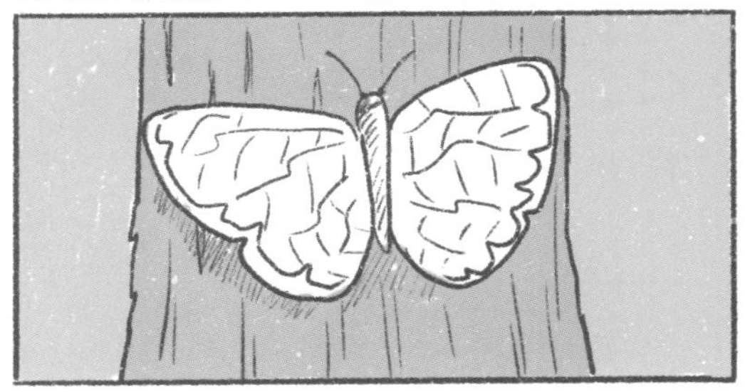

응급

교과서, 평가 시간에 이렇게 사용해요

"상황에 알맞게
응급 처치하는 방법을 알아봅시다."

응급처치교육

무슨 뜻일까요?

국어 사전에는 이렇게 나와요.

급한 대로 우선 처리함. 또는 급한 정황에 대처함.

병원에서 한밤중에도 환자를 급하게 치료할 수 있도록 만든 방을 응급실이라고 합니다.
위급한 환자를 신속하게 병원으로 실어 나르는 자동차를 응급차라고 하지요.
'응급'은 급하고 신속하게 하는 것을 의미합니다.

언제, 어떻게 사용할까요?

★ 응급차를 색칠해 보고 도로에서 응급차를 만나면 양보하는 요령에 대해 이야기 나누어 봅시다.

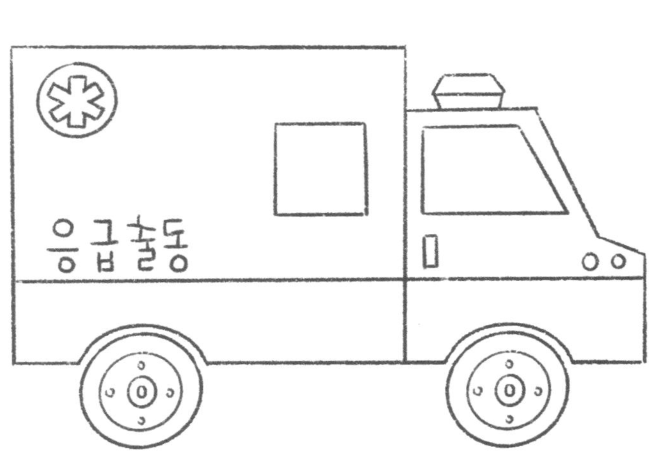

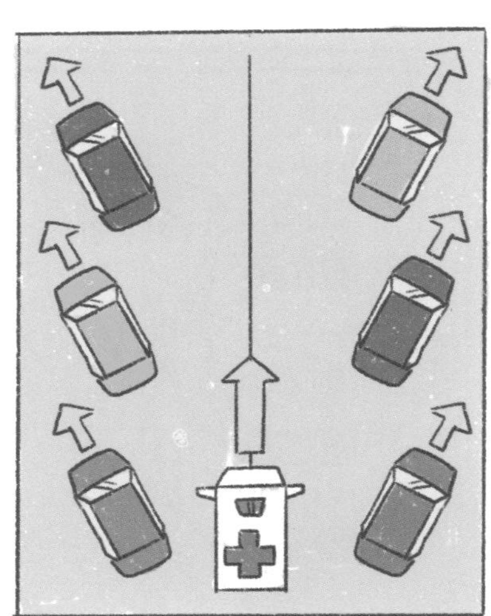

교과서, 평가 시간에 이렇게 사용해요

대피하다

"지진이 발생하면 어떻게 대피해야 하는지 알아봅시다."

지진대피훈련

무슨 뜻일까요?

국어 사전에는 이렇게 나와요.

위험이나 피해를 입지 않도록 일시적으로 피함.

화재나 지진이 발생하기 전에 미리 대피 지도를 그려 놓으면 좋아요.
영화관에 가면 영화 시작 전에 대피로를 알려주지요?
'대피'는 위험이나 피해를 입지 않도록 잠시 피하는 거예요.

언제, 어떻게 사용할까요?

★ 다음 중 지진 발생 시 올바른 대피 방법이 **아닌** 것을 고르세요.

① 얼른 엘리베이터를 탄다.

② 계단을 이용해 건물 밖으로 이동한다.

③ 재난 방송을 청취하며 안내에 따른다.

④ 안내원의 지시에 따라 질서 있게 행동한다.

⑤ 넘어지거나 떨어질 물건으로부터 머리와 몸을 보호한다.

위생

교과서, 평가 시간에 이렇게 사용해요

"개인 위생을 지키기 위한 여러 가지 방법을 알아봅시다."

보건교육

무슨 뜻일까요?

국어 사전에는 이렇게 나와요.

건강에 유익하도록 조건을 갖추거나 대책을 세우는 일.

손 씻기를 잘하면 전염병을 예방할 수 있어요.
위생 관리를 하지 않은 식당에서 음식을 먹으면 배탈이 날 수 있지요.
'위생'은 건강을 지키고 병을 예방하는 것입니다.

언제, 어떻게 사용할까요?

★ 개인 위생 관리를 잘하기 위해 손 씻는 순서를 알아봅시다.

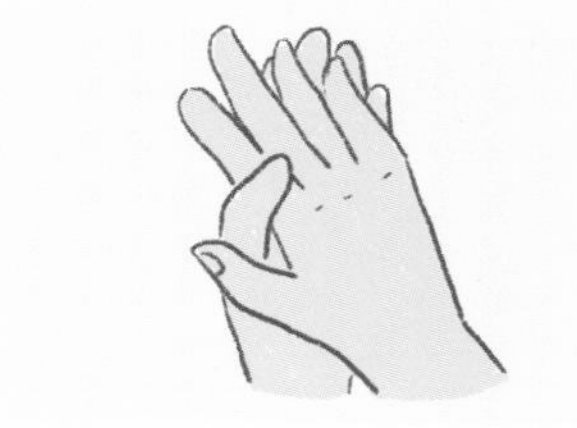

① 양쪽 손바닥을 마주 대고 문질러 줍니다.

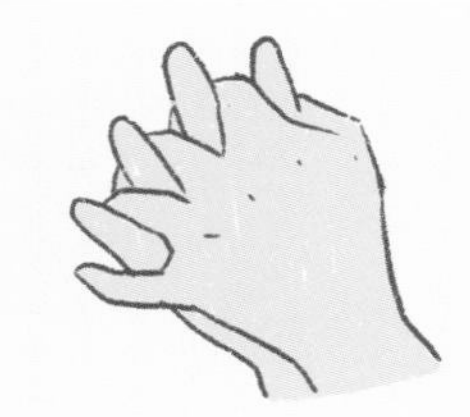

② 양손 깍지를 낀 채 문질러 줍니다.

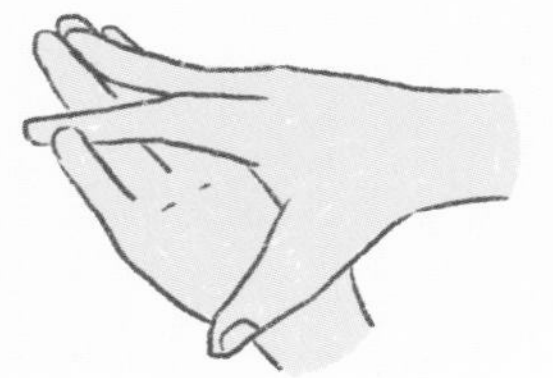

③ 손바닥과 손등을 마주 대고 문질러 줍니다.

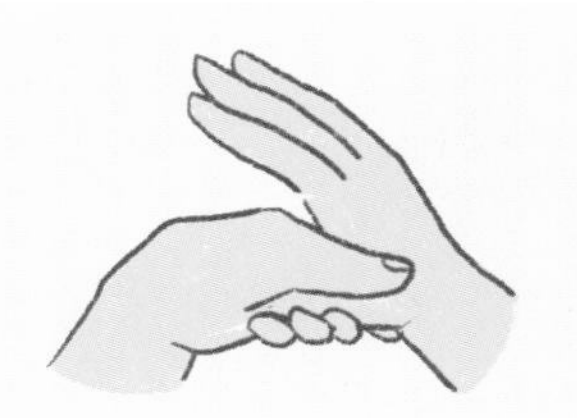

④ 엄지손가락으로 반대편 손바닥을 문질러 줍니다.

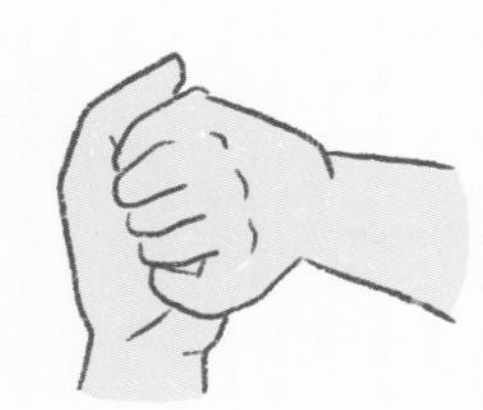

⑤ 양손 모두 주먹을 쥔 채 문질러 줍니다.

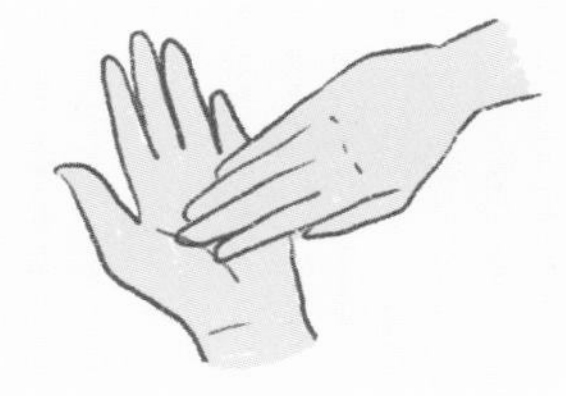

⑥ 손바닥에 반대편 손가락을 문지르며 손톱 밑을 깨끗하게 합니다.

교과서, 평가 시간에 이렇게 사용해요

보행하다

"안전하게 보행하는 방법을 알고 생활 속에서 실천해 봅시다."

교통안전교육

무슨 뜻일까요?

국어 사전에는 이렇게 나와요.

걸어 다니다.

아장아장 아가가 보행기를 타고 걸음마 연습을 해요.

보행자를 보호한다는 것은 걸어 다니는 사람을 보호한다는 뜻이지요.

이처럼 '보행'은 걸어 다니는 것을 의미해요.

언제, 어떻게 사용할까요?

★ 다음 중 보행자가 안전하게 보행할 수 있다고 알려주는 교통표지판은 어느 것일까요?

①

②

③

④

재난

교과서, 평가 시간에 이렇게 사용해요

"재난 상황에서의
올바른 대처 방법을 알아봅시다."

재난대비교육

엄마!
재난 문자가 왔어요.
무슨 뜻이에요?

긴급 재난문자
[산림청] 태풍으로 인해 많은
비와 강풍으로 산사태 위기경보
경계발령 산림 인근 지역
자제하고 안전한 ……

문자를 보고 산에 있는
사람들이 미리
대피할 수 있겠죠?

피해가
적어야 할 텐데….

무슨 뜻일까요?

국어 사전에는 이렇게 나와요.

뜻밖에 일어난 재앙과 고난.

재난 안전 안내 문자를 받아 본 적 있지요?
태풍이 온다는 내용, 전염병 환자가 생겼다는 내용 등등…….
'재난'은 미리 알고 있던 일이나 일어날 줄 알았던 일이 아닌,
갑자기 일어나는 힘든 일들을 말해요.

언제, 어떻게 사용할까요?

★ 재난 시 알맞은 대처방법을 연결해 보세요.

① 

② 

③ 

④ 

㉠ 바람에 날아갈 물건이 집주변에 있으면 미리 치워둔다.

㉡ 큰 진동이 멈출 때까지 책상 밑에 들어가 몸을 보호한다.

㉢ 지붕이나 집 앞의 눈을 치운다.

㉣ 침수된 지역에서는 자동차를 타지 않는다.

어휘 척척 박사 도전!

♣ 빈칸에 들어갈 알맞은 낱말을 써 보세요.

교통 표지판 중에는 "보행자 ①　　　　 금지" 표지판이 있어요.
이런 표지판이 보이는 곳은 걸어가면 안 돼요.

안전교육 시간에 ②　　　　 수영을 배워요. 수영을 못하더라도 물에 빠졌을 때 살아남을 수 있는 방법을 배울 수 있어요.

지하철역, 지하주차장, 큰 건물 지하에서 ③　　　　 소 표지를 한 번 찾아보세요.
위험할 때 피할 수 있는 장소랍니다.

큰 병원에 가면, ④ [ ] 의료 센터를 한 번 찾아보세요.

이곳은 환자를 빨리 치료하기 위한 시설이에요.

♣ 유라시아 횡단 철도 노선 구축망을 보며 빈칸에 공통으로 들어갈 단어를 써 보세요.

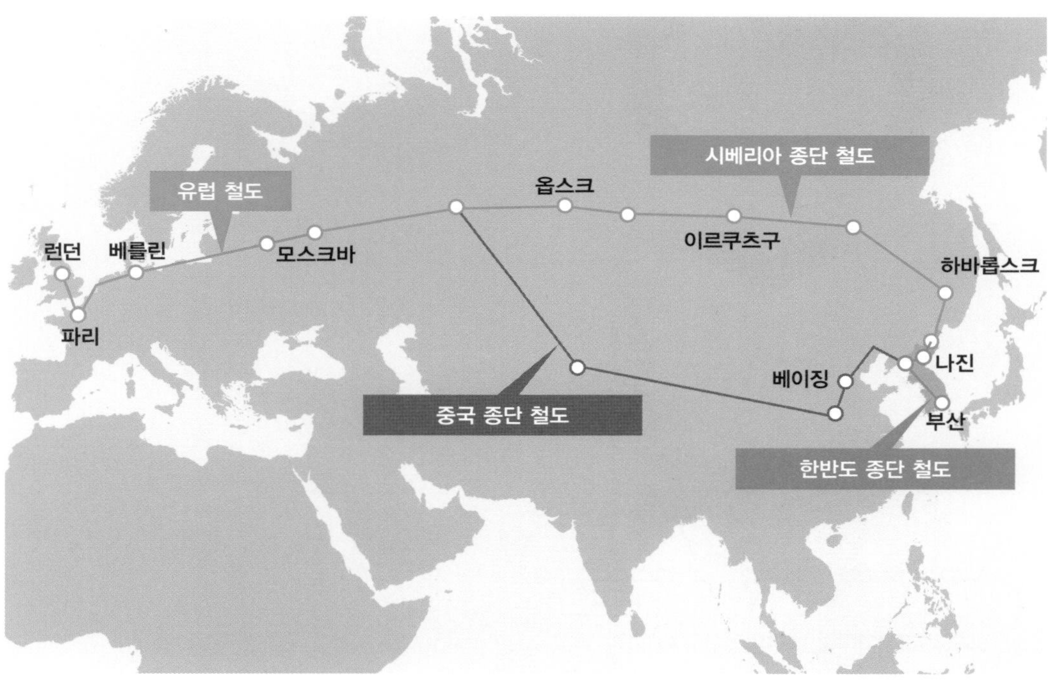

우리나라가 [ ] 이 되면 부산에서 유럽까지 기차로 여행을 갈 수 있대.

얼른 남한과 북한이 [ ] 이 되어 북한 친구들도 만나고,

여행도 하고 싶지?

5부.

평가 시간 필수 어휘

관련

교과서, 평가 시간에 이렇게 사용해요

"다음 중 나머지와
관련이 없는 것을 고르세요."

무슨 뜻일까요?

국어 사전에는 이렇게 나와요.

둘 이상의 사람, 사물, 현상 따위가 서로 관계를 맺어 매여 있음. 또는 그 관계.

엄마와 아빠는 결혼한 부부라서 서로 관련이 있어요.
연필과 지우개도 우리가 공부할 때 함께 쓰는 물건이라서
서로 관련이 있어요.
'관련'은 사람이나 물건, 사건들이 서로 관계를 맺고 있음을 뜻해요.

언제, 어떻게 사용할까요?

★ 다음 중 나머지와 관련이 **없는** 그림 카드를 고르세요.

①
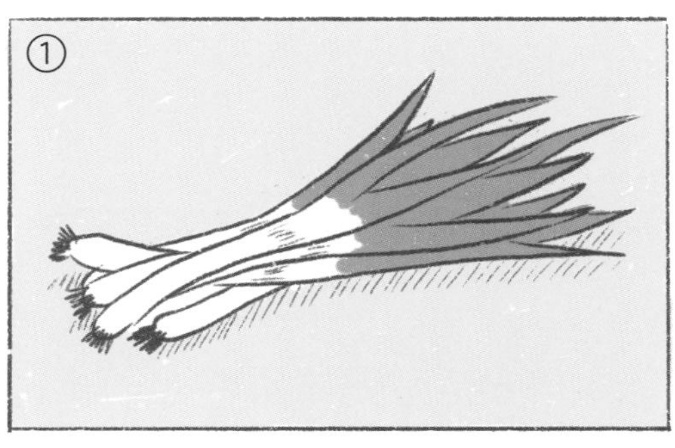

②

③

④

관계

교과서, 평가 시간에 이렇게 사용해요

"다음 중 낱말의 관계를 바르게 연결한 것을 고르세요."

무슨 뜻일까요?

국어 사전에는 이렇게 나와요.

둘 이상의 사람, 사물, 현상 따위가 서로 관련을 맺거나 관련이 있음.
또는 그런 관련.

엄마랑 병원에 가서 접수할 때, 이런 질문을 들어본 적이 있나요?
"보호자와 무슨 관계인가요?" "모자 관계인가요?"
모자 관계는 엄마와 자녀와의 관계를 말해요.
이렇게 '관계'는 서로 어떤 관련이 있는지를 뜻하는 말이랍니다.

수학 시간에도 많이 쓰여요.
→ "덧셈과 뺄셈의 관계를 알고 식으로 나타내어 봅시다."

언제, 어떻게 사용할까요?

★ 두 낱말을 관계에 맞게 선으로 이어보세요.

① 가다 오다 • • ㉠ 한 낱말이 다른 낱말을 포함해요.

② 책 동화책 • • ㉡ 뜻이 반대예요.

교과서, 평가 시간에 이렇게 사용해요

해당하다

"주어진 조건에 해당하는
친구를 찾아보세요."

무슨 뜻일까요?

국어 사전에는 이렇게 나와요.

어떤 범위나 조건 따위에 바로 들어맞다.

놀이공원 표지판에 세 살까지는 입장료가 무료라고 쓰여 있다면 나는 여덟 살이고 동생은 두 살인 경우, 나는 입장료가 무료일까요? 아니죠. 왜 그럴까요? '입장료 무료 나이'에 해당하지 않으니까요. 이렇게 '해당'은 조건에 딱 맞는 것을 말해요.

언제, 어떻게 사용할까요?

★ 주어진 조건에 모두 해당하는 친구를 찾아봅시다.

<조건>

① 안경을 쓰고 있어요.

② 하늘색 바지를 입고 있어요.

① ② ③ ④ ⑤

교과서, 평가 시간에 이렇게 사용해요

틀리다

"다음 두 수의 비교 중
틀린 것을 찾아보세요."

무슨 뜻일까요?

국어 사전에는 이렇게 나와요.

셈이나 사실 따위가 그르게 되거나 어긋나다.

학습지를 풀었는데 틀려서 속상한 적 있지요?
'틀리다'의 반대말은 '맞다'예요.
'틀리다'는 수를 잘못 세거나
어떤 사실이 잘못되어 있다는 것을 말해요.

언제, 어떻게 사용할까요?

★ 두 수의 크기를 비교한 것 중 **틀린** 것은?

① 25 < 26　　② 58 < 58

③ 67 > 57　　④ 68 > 60

★ 다음 중 **틀리게** 읽은 것은?

① 뵙고 [뵙꼬]　　② 잎이 [이비]

③ 부엌에 [부어케]　　④ 외삼촌 [웨삼촌]

교과서, 평가 시간에 이렇게 사용해요

다르다

"물체를 만든 재료가
다른 것을 고르세요."

무슨 뜻일까요?

국어 사전에는 이렇게 나와요.

비교가 되는 두 대상이 서로 같지 아니하다.

쌍둥이 친구가 서로 얼굴이 다른 경우 이란성이라고 해요.
쌍둥이 친구가 서로 얼굴이 같은 경우 일란성이라고 해요.
'다르다'의 반대말은 '같다'예요.
'다르다'는 서로 똑같지 않을 때 사용해요.

언제, 어떻게 사용할까요?

★ 다음 중 계산 결과가 **다른** 하나는?

① 30 + 40　　② 40 + 20

③ 90 - 30　　④ 80 - 20

★ 다음 중 알맞은 낱말에 ○표 하세요.

호주는 우리나라와 계절이 | 달라서 / 틀려서 |, 1월이 여름이랍니다.

옳다

교과서, 평가 시간에 이렇게 사용해요

"남한과 북한의 생활 모습을 비교한 설명으로 옳은 것을 찾으세요."

무슨 뜻일까요?

국어 사전에는 이렇게 나와요.

사리에 맞고 바르다.

누구 말이 옳은지 그른지는 양쪽 이야기를 다 들어봐야 해요.

'옳다'의 반대말은 '그르다'예요.

'옳다'는 정당하고 바르다는 뜻이에요.

언제, 어떻게 사용할까요?

★ [　　　　] 안의 말 중 옳은 것에 ○표를 하시오.

소리나 모양을 표현한 말을 [이어 주는 말 / 흉내 내는 말] (이)라고 한다.

★ 물놀이에서 지켜야 할 수칙으로 옳지 **않은** 것은?

① 구명조끼를 착용한다.

② 가슴 부위부터 물에 담근다.

③ 깊은 곳으로 들어가지 않는다.

④ 물놀이를 하기 전에 준비 운동을 한다.

교과서, 평가 시간에 이렇게 사용해요

알맞다

"추석에 관련된 말과 설에 관련된 말로 나누어 알맞은 칸에 적어 보세요."

무슨 뜻일까요?

국어 사전에는 이렇게 나와요.

일정한 기준, 조건, 정도 따위에 넘치거나 모자라지 아니한 데가 있다.

아침에 일어나면 "안녕히 주무셨어요."
식탁에 앉으면 "잘 먹겠습니다."
집을 나설 때는 "다녀오겠습니다."
상황에 알맞은 인사말을 해야겠지요?
'알맞다'는 그 상황에 딱 맞고 적절한 것을 의미해요.

언제, 어떻게 사용할까요?

★ 다음 글을 읽고 돌잔치에서는 어떤 일을 하였는지 알맞은 것을 두 가지 고르세요.

우리 조상들은 첫 번째 생일을 '첫돌'이라고 부르고, 돌잔치를 했습니다. 돌잔치에서는 맛있는 음식을 나누어 먹고, 돌잡이를 했습니다. 돌잡이는 상 위에 여러 가지 물건을 올려 놓고, 아기에게 마음대로 골라잡게 하는 일을 말합니다.

① 돌잡이를 했다.
② 가족끼리 여행을 갔다.
③ 어른들께 선물을 드렸다.
④ 맛있는 음식을 나누어 먹었다.

어울리다

교과서, 평가 시간에 이렇게 사용해요

"다음 문장에 어울리는 낱말을 고르세요."

무슨 뜻일까요?

국어 사전에는 이렇게 나와요.

여럿이 서로 잘 조화되어 자연스럽게 보이다.

치킨에는 콜라가 잘 어울려요.

한과에는 식혜가 잘 어울리고요.

'어울리는' 것은 다른 대상과 조화롭게 잘 맞는 것을 의미해요.

언제, 어떻게 사용할까요?

★ 보기에서 알맞은 말을 찾아 그림에 어울리는 문장을 완성하세요.

보기

흔듭니다.	공을	잠을	꼬리를

강아지가 [　　　] [　　　]

공통

"빈칸 안에 공통으로 들어갈 낱말을 쓰시오."

무슨 뜻일까요?

국어 사전에는 이렇게 나와요.

둘 또는 그 이상의 여럿 사이에 두루 통하고 관계됨.

둘 또는 그 이상의 여럿 사이에 두루 통하는 점.

티라노사우르스와 랩터는 공룡이라는 공통점이 있어요.

백설공주와 엘사는 공주라는 공통점이 있고요.

'공통'은 서로 비슷한 것을 말해요.

언제, 어떻게 사용할까요?

★ 빈칸에 공통으로 들어갈 낱말은 무엇일까요?

① 우리 아빠는 잠 □ 가 밝아서 작은 소리에도 금방 깨셔.

② 할머니가 바늘 □ 에 실을 잘 못 꿰셔서 내가 도와드렸어.

③ 우리 언니는 □ 가 얇아서 큰일이야.
친구의 말을 생각도 안 하고 전부 믿는다니까!

④ 내 동생은 방 정리하라고 □ 따갑게 잔소리를 들어도
도통 청소할 생각을 안 해.

정답 : □

설명하다

교과서, 평가 시간에 이렇게 사용해요

"남한과 북한이 한민족인 이유를 글과 그림으로 설명해 보세요."

무슨 뜻일까요?

국어 사전에는 이렇게 나와요.

어떤 일이나 대상의 내용을 상대편이 잘 알 수 있도록 밝혀 말하다.

선생님은 항상 친절하게 설명을 잘해 주세요.
나는 동생에게 로봇을 조립하는 방법을 자세히 설명해 줄 수 있어요.
'설명'은 어떤 것을 상대방이 잘 이해하도록 알려주는 것을 의미해요.

국어 시간에도 많이 쓰여요.
→ "설명하는 글을 읽고 떠오른 생각이나 느낌을 이야기해 봅시다."
→ "글을 읽고 설명하는 대상을 찾아봅시다.

언제, 어떻게 사용할까요?

★ 설명하는 대상이 무엇일까요?

① 하얀 색이에요.

② 굵은 것도 있고, 아주 고운 가루 같은 것도 있어요.

③ 음식에 넣어서 맛을 내요.

④ 바다에서 얻어요.

⑤ 짠맛이 나요.

정답 :

발표하다

교과서, 평가 시간에 이렇게 사용해요

"내 짝과 함께 무엇을 하고 싶은지 발표해 보세요."

무슨 뜻일까요?

국어 사전에는 이렇게 나와요.

어떤 사실이나 결과, 작품 따위를 세상에 널리 드러내어 알리다.

반 친구들 앞에서 자기의 의견을 말하는 걸 발표한다고 하죠?
가수가 새로운 노래를 사람들에게 들려줄 때
새 노래를 발표한다고 말해요.
사람들에게 "우리 이제 결혼해요!" 하고 말하는 걸
결혼 발표라고도 하고요.
이렇게 '발표'는 어떤 일이나 결과물을 사람들에게 알리는 거예요.

언제, 어떻게 사용할까요?

★ 내가 좋아하는 저녁 식사 메뉴에 대해 가족끼리 발표해 봅시다. 가족들의 발표를 들을 때 바른 자세로 이야기를 들었는지 확인해 봅시다. 그리고 잘 했다고 생각하는 만큼 '☆'에 색칠해 봅시다.

말하는 사람을 바라보며 들었다.	☆ ☆ ☆
이야기에 귀 기울여 들었다.	☆ ☆ ☆

매우 잘함 : ☆★★ 잘함 : ☆★ 보통임 : ☆

표현하다

교과서, 평가 시간에 이렇게 사용해요

"친구와 친해지기 위해
하고 싶은 놀이를 표현해 봅시다."

무슨 뜻일까요?

국어 사전에는 이렇게 나와요.

생각이나 느낌 따위를 언어나 몸짓 따위의 형상으로 드러내어 나타내다.

엄마, 아빠께 감사한 마음을 담아 편지를 써 본 적이 있나요?
슬프거나 억울한 마음을 말로는 표현하기 어려워서 운 적은요?
정말 신이 나면 나도 모르게 웃음이 나고 춤이 저절로 추어지지요.
이렇게 '표현'이란 생각이나 느낌을
말, 글, 표정, 몸짓 등으로 나타내는 거예요.

언제, 어떻게 사용할까요?

★ 흉내 내는 말을 읽고, 느낌을 몸으로 표현해 봅시다.

주륵주륵

찰칵

멍멍

살랑살랑

교과서, 평가 시간에 이렇게 사용해요

기록

"친구를 도와줄 수 있는 일을 찾아서 실천해 보고, 실천한 내용을 기록해 보세요."

무슨 뜻일까요?

국어 사전에는 이렇게 나와요.

주로 후일에 남길 목적으로 어떤 사실을 적음. 또는 그런 글.

『조선왕조실록』은 조선을 세운 첫 왕인 태조로부터 철종에 이르기까지 472년간의 역사를 기록한 책이에요. 『난중일기』는 이순신 장군이 임진왜란 중에 있었던 일을 기록한 일기입니다.

'기록'은 어떤 사실이나 사건을 적어 놓는 일을 말해요.

언제, 어떻게 사용할까요?

★ 봄철 건강을 지키기 위해 각자 건강 수칙을 세워 봅시다. 그리고 스스로 정한 일을 잘 실천하고 있는지 기록해 보세요.

내가 정한 봄철 건강 수칙	월	화	수	목	금	토	일
물을 자주 마셔요.							

잘함 ◎ 보통 ○ 노력 필요 △

★ 일주일 동안 실천한 내용을 점검하여 보세요.

◎ : ______________ 개 ○ : ______________ 개 △ : ______________ 개

감상

교과서, 평가 시간에 이렇게 사용해요

"친구들이 만든 작품을 감상하고 칭찬해 주세요."

무슨 뜻일까요?

국어 사전에는 이렇게 나와요.

주로 예술 작품을 이해하여 즐기고 평가함.

사람들은 미술관에서 그림을 감상해요.
해돋이와 해넘이를 감상하는 건 정말 멋진 일이에요.
'감상'은 무언가를 가만히 듣거나 보거나 경험하면서 즐기고,
또 나의 생각을 표현하고 평가하는 걸 말해요.

언제, 어떻게 사용할까요?

★ 작품을 감상해 보고 내가 작가라면 어떤 제목을 붙이고 싶은지 써 보세요.

이 작품의 새로운 제목은 (　　　　　　　　　　　　　　　)입니다.

왜냐하면 (　　　　　　　　　　　　　　　) 때문입니다.

참여하다

교과서, 평가 시간에 이렇게 사용해요

"친구들과 놀이 활동에 흥미를 가지고 참여해 보세요."

무슨 뜻일까요?

국어 사전에는 이렇게 나와요.

어떤 일에 끼어들어 관계하다.

그림 대회에 나가서 그림을 그리는 것을 대회에 참여한다고 해요. 이렇게 어떤 일이나 모임을 함께 하는 것을 '참여'라고 해요.

언제, 어떻게 사용할까요?

★ 친구들과 사방치기를 한 후, 즐겁게 참여하였는지 평가해 봅시다.

평가요소	나	친구1 (　　　)	친구2 (　　　)	친구3 (　　　)
놀이에 집중하여 즐겁게 참여한다.				
차례를 지켜 놀이한다.				

잘함 ◎ 보통 ○ 노력 필요 △

교과서, 평가 시간에 이렇게 사용해요

가능하다

"수를 가능한 모든 경우로 가르기를 해 보세요."

무슨 뜻일까요?

국어 사전에는 이렇게 나와요.

할 수 있거나 될 수 있음.

도서관은 오전 9시부터 오후 6시까지 이용 가능해요.

도로에 차가 너무 많으면 빨리 가는 것이 불가능하지요.

이렇게 '가능하다'는 건 어떤 일을 해낼 수 있거나 이룰 수 있음을 말해요.

할 수 없을 때는 '불가능'하다고 합니다.

언제, 어떻게 사용할까요?

★ 가능한 모든 가르기를 해 보세요.

5

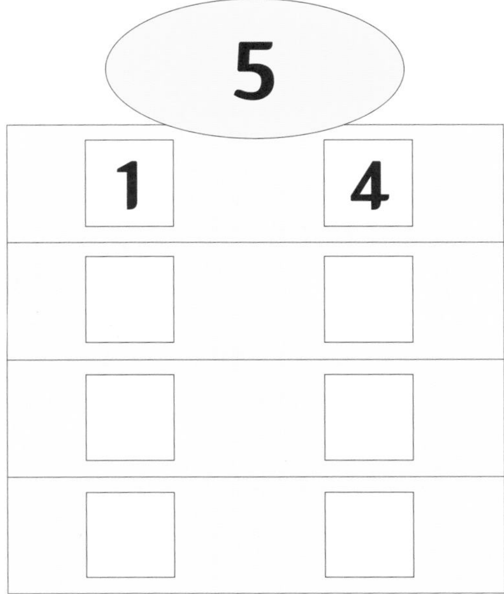

계획

교과서, 평가 시간에 이렇게 사용해요

"봄나들이 계획을 작성해 보세요."

무슨 뜻일까요?

국어 사전에는 이렇게 나와요.

앞으로 할 일의 절차, 방법, 규모 따위를 미리 헤아려 작정함. 또는 그 내용.

여행을 가기 전에 무엇을 할지 미리 계획을 세워요.
공부할 때도 무엇부터 어떻게 공부할지 계획을 세우면 좋아요.
'계획'은 앞으로 어떻게 일을 할지 미리 정하는 걸 말해요.

언제, 어떻게 사용할까요?

★ 나의 하루 생활 계획표를 만들어 보세요.

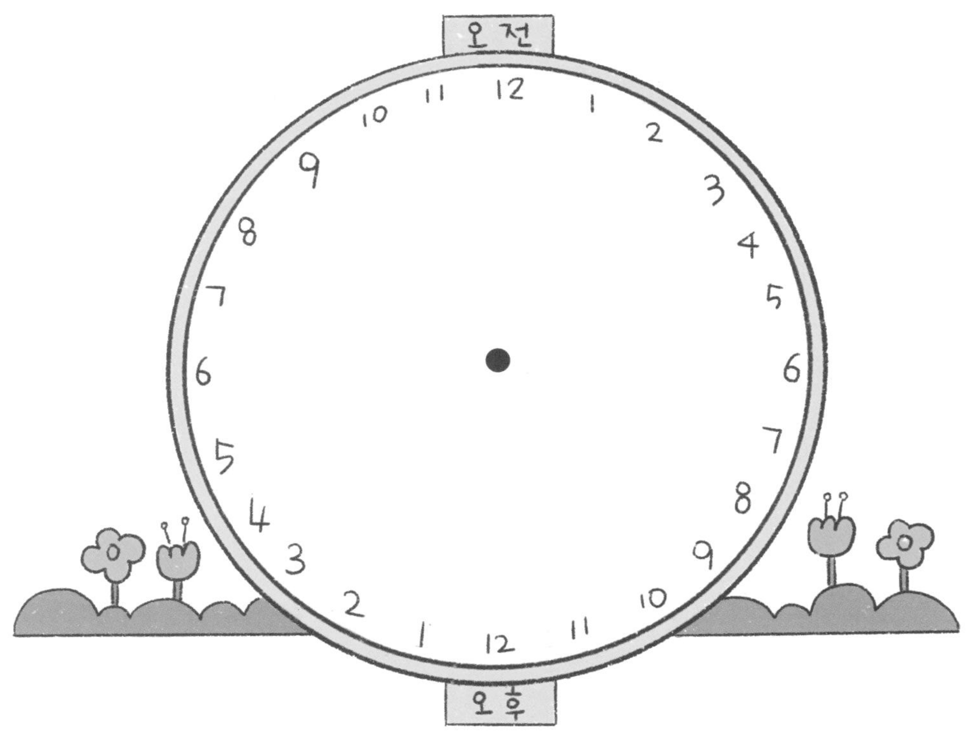

수집

교과서, 평가 시간에 이렇게 사용해요

"주변에 관심을 갖고
여러 가지 자료를 수집해 보세요."

무슨 뜻일까요?

국어 사전에는 이렇게 나와요.

취미나 연구를 위하여 여러 가지 물건이나 재료를 찾아 모음.
또는 그 물건이나 재료.

어떤 사람은 우표를 모으는 취미가 있어요.
또 어떤 사람은 세계 각국의 지폐를 수집하기도 해요.
여러분은 어떤 걸 수집해 봤나요?
캐릭터 카드? 인기 스티커? 귀여운 지우개?
이렇게 '수집'은 여러 가지 물건을 찾아서 모으는 걸 말해요.

언제, 어떻게 사용할까요?

★ 다음은 우리 반 학생들이 기르고 싶은 동물을 조사하여 수집한 자료입니다. 우리 반 학생들이 가장 기르고 싶은 동물은 무엇일까요?

특성

"찰흙의 특성을
자세히 써 보세요."

해바라기가
활짝 피었구나!

엄마,
해바라기가
한곳만 쳐다보고
있어요.

우리를
보는 건가?

해바라기 꽃은
해를 바라보는
특성이 있단다.

하
하
하

우리 아들, 딸은
엉뚱한 특성이 있지!

ㅋ
ㅋ
ㅋ

무슨 뜻일까요?

국어 사전에는 이렇게 나와요.

일정한 사물에만 있는 특수한 성질.

해바라기 꽃은 해를 바라보는 특성이 있어요.
해를 바라보기 때문에 이름도 '해바라기'예요.
서울의 특성은 우리나라의 수도이자 천만 명이 사는 도시라는 점이죠.
'특성'이란 그 사물만이 가진 고유한 성질을 말해요.

언제, 어떻게 사용할까요?

★ 친구들이 □, △, ○ 모양의 특성에 대해 이야기하고 있습니다. 이야기를 읽고 알맞은 모양을 골라 표시해 보세요.

인호 : 곧은 선이 3개 있는 모양은 (□ , △ , ○)야.

지유 : 내가 좋아하는 모양은 뾰족한 곳이 하나도 없는
(□ , △ , ○)야.

윤수 : 내가 가지고 있는 물건 중에는 뾰족한 곳이 4개인
(□ , △ , ○) 모양이 가장 많아.

표시

교과서, 평가 시간에 이렇게 사용해요

"그림 속에서 이웃들과 함께 쓰는 장소를 색연필로 표시해 보세요."

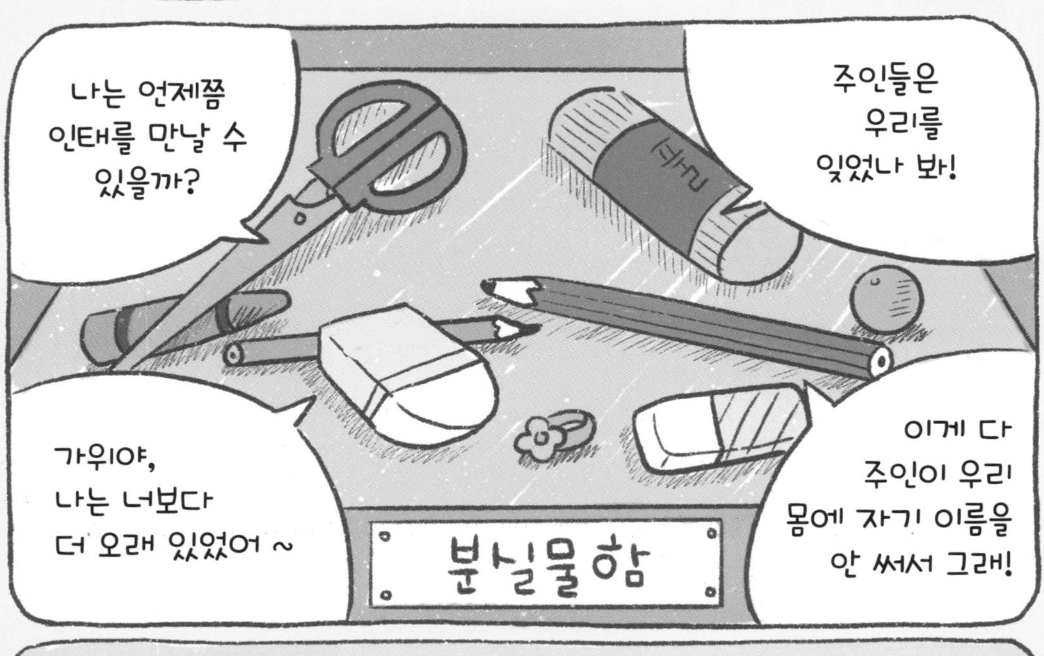

무슨 뜻일까요?

국어 사전에는 이렇게 나와요.

겉으로 드러내 보임.

물건에는 이름을 써서 내 것이라는 표시를 할 수 있어요.
수업 시간에는 손을 들어서 발표하고 싶다는 걸 표시해요.
지도에 스티커를 붙여서 다녀온 곳을 표시할 수 있어요.
'표시'는 숨겨두지 않고, 사람들이 알 수 있게 드러내 보이는 걸 말해요.

언제, 어떻게 사용할까요?

★ 그림 속에서 이웃들과 함께 쓰는 장소를 색연필로 표시해 보세요. 그리고 표시한 장소 중 한 곳을 골라서 이웃들과 함께할 수 있는 일들을 이야기해 보세요

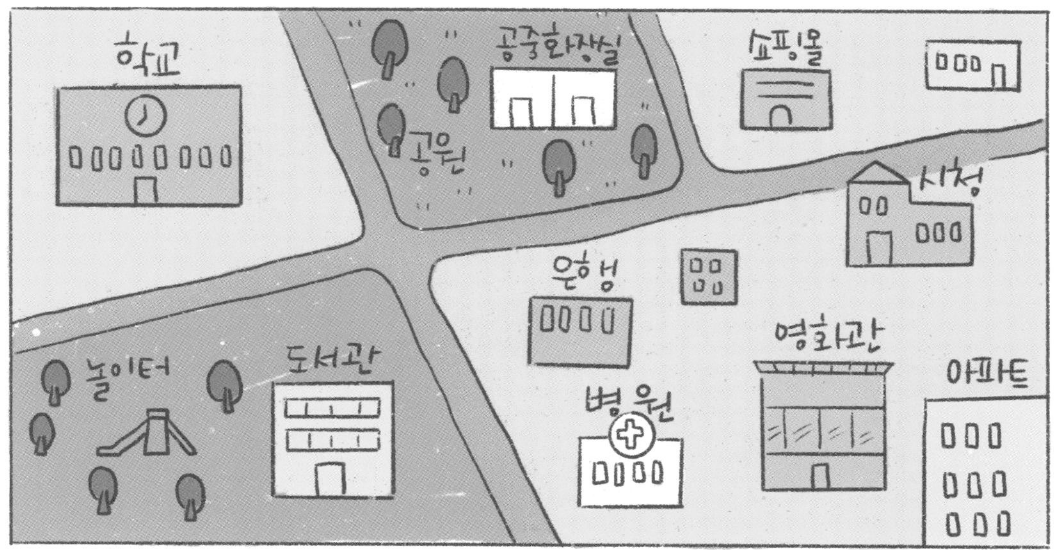

어휘 척척 박사 도전!

♣ 다음 낱말의 반대말을 쓰세요.

같다 ( )

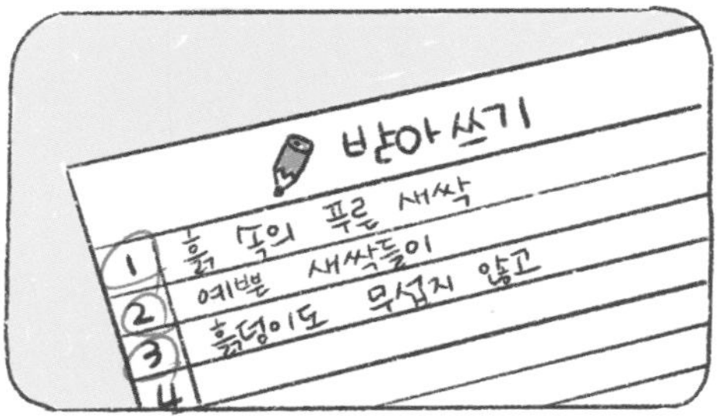

맞다 ( )

( ) 그르다

♣ 여행에서 있었던 일을 쓴 글을 기행문이라고 해요. 기행문에 들어가야 할 내용을 보기에서 찾아 빈칸을 채워 보세요.

<보기>

설명, 기록, 감상, 수집

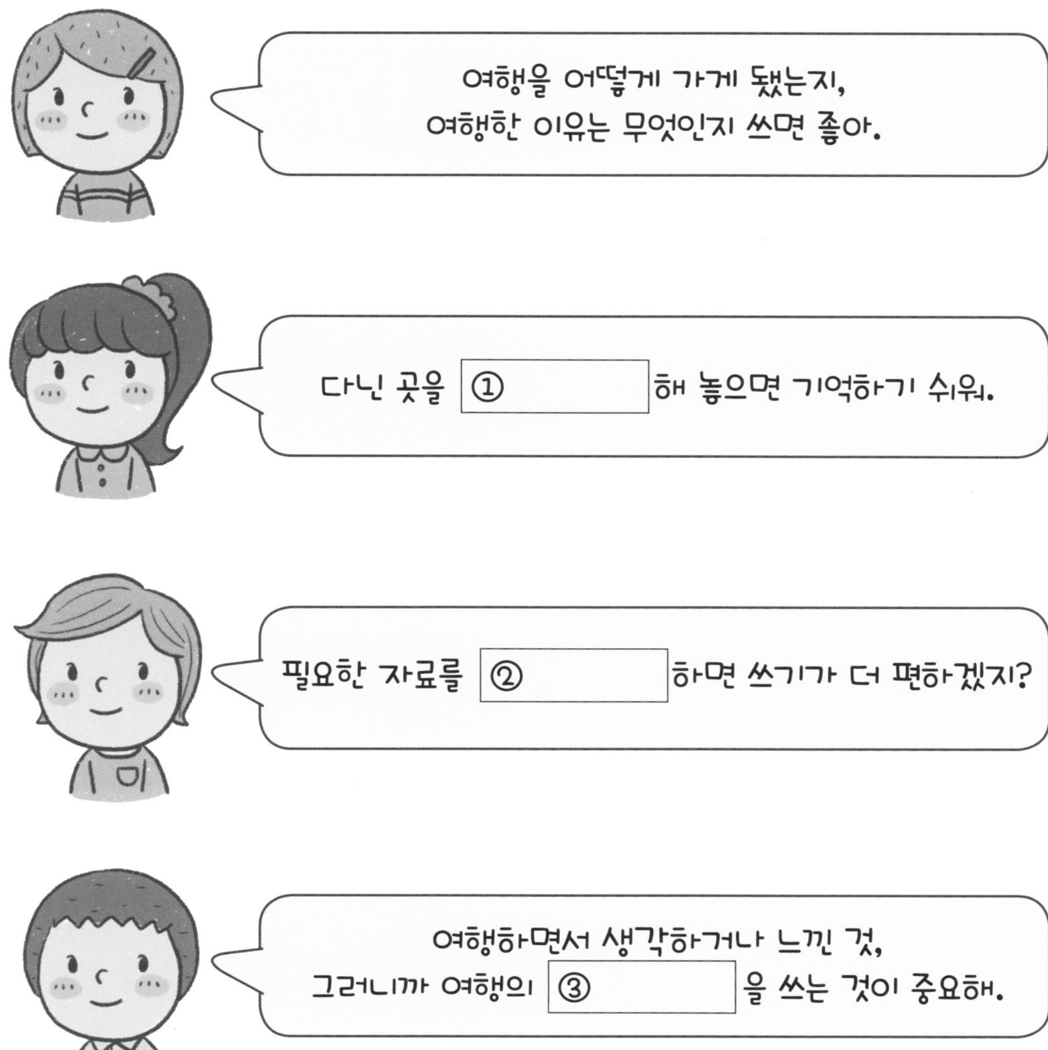

1부.
국어 시간 필수 어휘

29쪽

②

31쪽

☞ 눈 : 선생님을 바라봅니다.
☞ 허리 : 허리는 곧게 폅니다.
☞ 엉덩이 : 의자 뒤쪽에 붙이고 앉습니다.
☞ 발 : 두 발을 모아서 바닥에 닿도록 합니다.

47쪽

①, ②, ④

49쪽

④

51쪽

①, ②, ③

55쪽

☞ 고양이
☞ 고슴도치

63쪽

ㅏ - ㅑ - ㅓ - ㅕ - ㅗ - ㅛ - ㅜ - ㅠ - ㅡ - ㅣ

69쪽

① 발음
② 연습
③ 처지
④ 고려

2부.
수학 시간 필수 어휘

73쪽

8은 짝수이기 때문에 오늘 학교에 들어갈 수 있어요.

75쪽

홀수

77쪽

4개

79쪽

① — 95 — 아흔다섯
② — 87 — 여든일곱
③ — 64 — 예순넷
④ — 52 — 쉰둘
⑤ — 34 — 서른넷

81쪽

① 64개
② 40개
③ 10개
④ 20개
⑤ 10개

83쪽

85쪽
7cm

87쪽

89쪽
① 윤성
② 완희

91쪽

93쪽
① 7시 20분
② 10시 30분
③ 11시 40분

95쪽
1시간

97쪽
약 400m

101쪽
여섯 번
다섯 번
8cm

105쪽
지유

107쪽
땅에서 다니는 것과 물에서 다니는 것

109쪽

나라	중국	그리스	이집트	미국	브라질	호주	합계
학생 수(명)	2	1	3	4	2	4	16

111쪽
㉠ — ㉢ — ㉣ — ㉡

112쪽
① —  — 길다, 짧다
② —  — 많다, 적다
③ — 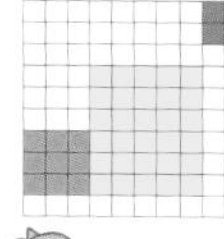 — 넓다, 좁다
④ —  — 무겁다, 가볍다

3부.
통합 교과 필수 어휘

117쪽
☞ 질서 있게 걷는 친구 : 지유
☞ 이유 : 복도에서 규칙을 지키며 뛰지 않고 천천히 걸어가고 있기 때문입니다.

119쪽
○, ×, ○

125쪽
○, ×, ○

127쪽
① — ㉡
② — ㉠

③ — ㉣
④ — ㉢

139쪽
① — ㉢
② — ㉡
③ — ㉣
④ — ㉠

153쪽
① — ㉢
② — ㉣
③ — ㉡
④ — ㉠

157쪽

가로 단어	세로 단어
① 기구	① 기억
② 관찰	② 공공장소
③ 예절	③ 절약
④ 장식	④ 추수

4부.
창의적 체험 활동 필수 어휘

163쪽

171쪽
○, ×, ×

173쪽
① 한글
② 김치
③ 한복

177쪽
① — ㉡
② — ㉣
③ — ㉠
④ — ㉢

179쪽
②

187쪽
☞ 직업 : 경찰관, 의사
☞ 직업 정보 탐색이 중요한 이유 : 사회가 빠르게 변화하고 기술과 산업이 발달하면서 직업의 세계는 계속 변화하기 때문입니다.

193쪽
①

197쪽
①

199쪽
① — ㉣
② — ㉠
③ — ㉡
④ — ㉢

200~201쪽
☞ 빈칸에 들어갈 알맞은 낱말을 써보세요
① 보행

② 생존
③ 대피
④ 응급
☞ 유라시아 횡단 철도 노선 구축망을 보며 빈칸에 공통으로 들어갈 단어를 써 보세요.
통일

5부.
평가 시간 필수 어휘

205쪽
②

207쪽
① — ㉡
② — ㉠

209쪽
④

211쪽
☞ 두 수의 크기를 비교한 것 중 틀린 것은?
②
☞ 다음 중 틀리게 읽은 것은?
②

213쪽
☞ 다음 중 계산 결과가 다른 하나는?
①

☞ 다음 중 알맞은 낱말에 ○표 하세요.
달라서

215쪽
☞ [ ] 안의 말 중 옳은 것에 ○표를 하세요.
흉내 내는 말
☞ 물놀이에서 지켜야 할 수칙으로 옳지 않은 것은?
②

217쪽
①, ④

219쪽
꼬리를, 흔듭니다.

221쪽
귀

223쪽
소금

239쪽
고양이

241쪽
☞ 인호 : △
☞ 지유 : ○
☞ 윤수 : □

244쪽
다르다, 틀리다, 옳다

245쪽
① 기록
② 수집
③ 감상

MEMO

초등 1학년
필수 어휘
100개의 기적

초판 1쇄 발행 2021년 2월 3일 **초판 4쇄 발행** 2023년 3월 6일

지은이 박은주, 윤희솔
펴낸이 이승현

출판1 본부장 한수미
라이프 팀장 최유연
편집 김소정
디자인 섬세한 곰
본문 일러스트 홍보라

펴낸곳 ㈜위즈덤하우스 **출판등록** 2000년 5월 23일 제13-1071호
주소 서울특별시 마포구 양화로 19 합정오피스빌딩 17층
전화 02) 2179-5600 **홈페이지** www.wisdomhouse.co.kr

ISBN 979-11-91308-39-6 63700